~ॐ~

श्रीविष्णुसहस्रनामस्तोत्रम्

~ॐ~ॐ~

श्रीसुन्दरकाण्ड

~ॐ~ॐ~ॐ~

श्रीमद्भगवद्गीता

~ॐ~ॐ~ॐ~ॐ~ॐ~

Published by: only **RAMA** only
(an Imprint of e1i1 Corporation)

Title: Vishnu-Sahasranama-Stotram, Sundarakanda, Bhagavad-Gita
Sub-Title: Sanskrit/Devanagari Text, No Translation, No Transliteration
(Convenient 4"x6" Pocket-Sized Edition)

Editor: Sushma
Copyright Notice: Copyright © e1i1 Corporation © Sushma
All rights reserved. No part of this publication may be reproduced, distributed, or transmitted in any form or by any means, including photocopying, recording, or other electronic or mechanical methods.

Identifiers

ISBN: 978-1-945739-49-1 (Paperback)

www.e1i1.com -- www.OnlyRama.com
Our books can be bought online, or at Amazon, or any bookstore.
If a book is not available at your neighborhood bookstore they will be happy to order it for you.
(Certain Hardcover Editions may not be immediately available—we apologize)
Some of our Current/Forthcoming Books are listed below. This is a partial list and we are continually adding new books.

Some other books for your consideration:

- **Tulsi Ramayana—The Hindu Bible:** Ramcharitmanas with English Translation/Transliteration
- **Ramcharitmanas:** Ramayana of Tulsidas with Transliteration (in English)
- **Sundarakanda:** The Fifth-Ascent of Tulsi Ramayana
- **Bhagavad Gita, The Holy Book of Hindus:** Sanskrit Text, English Translation/Transliteration
- **My Bhagavad Gita Journal:** Journal for recording your everyday thoughts alongside the Gita
- **Rama Hymns:** Hanuman-Chalisa, Rāma-Raksha-Stotra, Nama-Ramayanam etc.
- **Legacy Books - Endowment of Devotion (several):** Legacy Journals for Writing the Rama Name alongside Sacred Hindu Scriptures like the Bhagavad Gita, Hanuman-Chalisa, Rāma-Raksha-Stotra, Bhushumdi-Ramayana, Nama-Ramayanam, Rama-Shata-Nama-Stotra
- **Rama Jayam - Likhita Japam Rama-Nama Mala alongside Sacred Hindu Texts (several):** Journals for Writing the Rama Name 100,000 Times alongside various Hindu Texts
- **Vivekachudamani, Fiery Crest-Jewel of Wisdom:** My Self: the Ātmā Journal -- A Daily Journey of Self Discovery
- **Ashtavakra Gītā, the Fiery Octave:** My Self: the Ātmā Journal
- **The Fiery Gem of Wisdom:** My Self: the Ātmā Journal
- **Vishnu-Sahasranama and Bhagavad Gita:** Sanskrit only edition. No Translations (Large Size)

श्रीविष्णुसहस्रनामस्तोत्रम्

स्तुति • ५
स्तोत्रम् • ९
उत्तर भागः • १९

श्रीसुन्दरकाण्ड

स्तुति • २५
श्रीसुन्दरकाण्ड • २८
आरती - श्रीहनुमान चालीसा • ५९

श्रीमद्भगवद्गीता

स्तुति • ६४
I – प्रथमोऽध्यायः – अर्जुनविषादयोगः • ६५
II – द्वितीयोऽध्यायः – साङ्ख्ययोगः • ६९
III – तृतीयोऽध्यायः – कर्मयोगः • ७६
IV – चतुर्थोऽध्यायः – ज्ञानकर्मसंन्यासयोगः • ८०
V – पञ्चमोऽध्यायः – संन्यासयोगः • ८४
VI – षष्ठोऽध्यायः – ध्यानयोगः • ८६
VII – सप्तमोऽध्यायः – ज्ञानविज्ञानयोगः • ९१
VIII – अष्टमोऽध्यायः – अक्षरब्रह्मयोगः • ९४
IX – नवमोऽध्यायः – राजविद्याराजगुह्ययोगः • ९६
X – दशमोऽध्यायः – विभूतियोगः • १००
XI – एकादशोऽध्यायः – विश्वरूपदर्शनयोगः • १०४
XII – द्वादशोऽध्यायः – भक्तियोगः • १०९
XIII – त्रयोदशोऽध्यायः – क्षेत्रक्षेत्रज्ञविभागयोगः • १११
XIV – चतुर्दशोऽध्यायः – गुणत्रयविभागयोगः • ११४
XV – पञ्चदशोऽध्यायः – पुरुषोत्तमयोगः • ११७
XVI – षोडशोऽध्यायः – दैवासुरसम्पद्विभागयोगः • ११९
XVII – सप्तदशोऽध्यायः – श्रद्धात्रयविभागयोगः • १२२
XVIII – अष्टादशोऽध्यायः – मोक्षसंन्यासयोगः • १२४
गीतामाहात्म्यम् • १३२

विभिन्न स्तुति मंत्र • १३३

ध्यानम्

ॐ श्री परमात्मने नमः

त्वमेव माता च पिता त्वमेव ।
त्वमेव बंधुश्च सखा त्वमेव ।
त्वमेव विद्या द्रविणं त्वमेव ।
त्वमेव सर्वं मम देवदेव ॥

~ॐ~

शान्ताकारं भुजगशयनं पद्मनाभं सुरेशं
विश्वाधारं गगनसदृशं मेघवर्णं शुभाङ्गम् ।
लक्ष्मीकान्तं कमलनयनं योगिभिर्ध्यानगम्यं
वन्दे विष्णुं भवभयहरं सर्वलोकैकनाथम् ॥

~ॐ~

यं ब्रह्मा वरुणेन्द्ररुद्रमरुतः स्तुन्वन्ति दिव्यैः स्तवैः
वेदैः साङ्गपदक्रमोपनिषदैर्गायन्ति यं सामगाः ।
ध्यानावस्थिततद्गतेन मनसा पश्यन्ति यं योगिनो
यस्यान्तं न विदुः सुरासुरगणा देवाय तस्मै नमः ॥

~ॐ~

मूकं करोति वाचालं पङ्गुं लङ्घयते गिरिम् ।
यत्कृपा तमहं वन्दे परमानन्दमाधवम् ॥

ॐ

श्रीविष्णुसहस्रनामस्तोत्रम्

~ॐ~

नारायणं नमस्कृत्य नरं चैव नरोत्तमम् ।
देवीं सरस्वतीं व्यासं ततो जयमुदीरयेत् ॥

~ॐ~

ॐ अथ सकलसौभाग्यदायक श्रीविष्णुसहस्रनामस्तोत्रम् ।

~ॐ~

शुक्लाम्बरधरं विष्णुं शशिवर्णं चतुर्भुजम् ।
प्रसन्नवदनं ध्यायेत् सर्वविघ्नोपशान्तये ॥ १ ॥

यस्य द्विरदवक्त्राद्याः पारिषद्याः परः शतम् ।
विघ्नं निघ्नन्ति सततं विष्वक्सेनं तमाश्रये ॥ २ ॥

व्यासं वसिष्ठनप्तारं शक्तेः पौत्रमकल्मषम् ।
पराशरात्मजं वन्दे शुकतातं तपोनिधिम् ॥ ३ ॥

व्यासाय विष्णुरूपाय व्यासरूपाय विष्णवे ।
नमो वै ब्रह्मनिधये वासिष्ठाय नमो नमः ॥ ४ ॥

अविकाराय शुद्धाय नित्याय परमात्मने ।
सदैकरूपरूपाय विष्णवे सर्वजिष्णवे ॥ ५ ॥

यस्य स्मरणमात्रेण जन्मसंसारबन्धनात् ।
विमुच्यते नमस्तस्मै विष्णवे प्रभविष्णवे ॥ ६ ॥

~ॐ~

ॐ नमो विष्णवे प्रभविष्णवे

~ॐ~

श्रीवैशम्पायन उवाच :

श्रुत्वा धर्मानशेषेण पावनानि च सर्वशः ।
युधिष्ठिरः शान्तनवं पुनरेवाभ्यभाषत ॥७॥

~ॐ~

युधिष्ठिर उवाच :

किमेकं दैवतं लोके किं वाप्येकं परायणम् ।
स्तुवन्तः कं कमर्चन्तः प्राप्नुयुर्मानवाः शुभम् ॥८॥

को धर्मः सर्वधर्माणां भवतः परमो मतः ।
किं जपन्मुच्यते जन्तुर्जन्मसंसारबन्धनात् ॥९॥

~ॐ~

श्रीभीष्म उवाच :

जगत्प्रभुं देवदेवमनन्तं पुरुषोत्तमम् ।
स्तुवन् नामसहस्रेण पुरुषः सततोत्थितः ॥१०॥

तमेव चार्चयन्नित्यं भक्त्या पुरुषमव्ययम् ।
ध्यायन् स्तुवन् नमस्यंश्च यजमानस्तमेव च ॥११॥

अनादिनिधनं विष्णुं सर्वलोकमहेश्वरम् ।
लोकाध्यक्षं स्तुवन्नित्यं सर्वदुःखातिगो भवेत् ॥१२॥

ब्रह्मण्यं सर्वधर्मज्ञं लोकानां कीर्तिवर्धनम् ।
लोकनाथं महद्भूतं सर्वभूतभवोद्भवम् ॥१३॥

एष मे सर्वधर्माणां धर्मोऽधिकतमो मतः ।
यद्भक्त्या पुण्डरीकाक्षं स्तवैरर्चेन्नरः सदा ॥१४॥

परमं यो महत्तेजः परमं यो महत्तपः ।
परमं यो महद्ब्रह्म परमं यः परायणम् ॥१५॥

पवित्राणां पवित्रं यो मङ्गलानां च मङ्गलम् ।
दैवतं दैवतानां च भूतानां योऽव्ययः पिता ॥ १६ ॥
यतः सर्वाणि भूतानि भवन्त्यादियुगागमे ।
यस्मिंश्च प्रलयं यान्ति पुनरेव युगक्षये ॥ १७ ॥
तस्य लोकप्रधानस्य जगन्नाथस्य भूपते ।
विष्णोर्नामसहस्रं मे शृणु पापभयापहम् ॥ १८ ॥
यानि नामानि गौणानि विख्यातानि महात्मनः ।
ऋषिभिः परिगीतानि तानि वक्ष्यामि भूतये ॥ १९ ॥
ऋषिर्नाम्नां सहस्रस्य वेदव्यासो महामुनिः ।
छन्दोऽनुष्टुप् तथा देवो भगवान् देवकीसुतः ॥ २० ॥
अमृतांशूद्भवो बीजं शक्तिर्देवकिनन्दनः ।
त्रिसामा हृदयं तस्य शान्त्यर्थे विनियोज्यते ॥ २१ ॥
विष्णुं जिष्णुं महाविष्णुं प्रभविष्णुं महेश्वरम् ॥
अनेकरूप दैत्यान्तं नमामि पुरुषोत्तमं ॥ २२ ॥

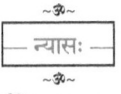

~ॐ~

न्यासः

~ॐ~

श्रीवेदव्यास उवाच :

ॐ अस्य श्रीविष्णोर्दिव्यसहस्रनामस्तोत्रमहामन्त्रस्य ।
श्री वेदव्यासो भगवान् ऋषिः । अनुष्टुप् छन्दः ।
श्रीमहाविष्णुः परमात्मा श्रीमन्नारायणो देवता ।
अमृतांशूद्भवो भानुरिति बीजम् ।
देवकीनन्दनः स्रष्टेति शक्तिः ।
उद्भवः क्षोभणो देव इति परमो मन्त्रः ।

शङ्खभृन्नन्दकी चक्रीति कीलकम् ।

शार्ङ्गधन्वा गदाधर इत्यस्त्रम् ।

रथाङ्गपाणिरक्षोभ्य इति नेत्रम् ।

त्रिसामा सामगः सामेति कवचम् ।

आनन्दं परब्रह्मेति योनिः ।

ऋतुः सुदर्शनः काल इति दिग्बन्धः ॥

श्रीविश्वरूप इति ध्यानम् ।

श्रीमहाविष्णुप्रीत्यर्थे सहस्रनामस्तोत्रपाठे विनियोगः ॥

~ॐ~

— अथ ध्यानम् —

~ॐ~

क्षीरोदन्वत्प्रदेशे शुचिमणिविलसत्सैकतेमौक्तिकानां
मालाक्लृप्तासनस्थः स्फटिकमणिनिभैर्मौक्तिकैर्मण्डिताङ्गः ।
शुभ्रैरभ्रैरदभ्रैरुपरिविरचितैर्मुक्तपीयूष वर्षैः
आनन्दी नः पुनीयादरिनलिनगदा शङ्खपाणिर्मुकुन्दः ॥ १ ॥

भूः पादौ यस्य नाभिर्वियदसुरनिलश्चन्द्र सूर्यौ च नेत्रे
कर्णावाशाः शिरो द्यौर्मुखमपि दहनो यस्य वास्तेयमब्धिः ।
अन्तःस्थं यस्य विश्वं सुरनरखगगोभोगिगन्धर्वदैत्यैः
चित्रं रंरम्यते तं त्रिभुवन वपुषं विष्णुमीशं नमामि ॥ २ ॥

~ॐ~

ॐ शान्ताकारं भुजगशयनं पद्मनाभं सुरेशं
विश्वाधारं गगनसदृशं मेघवर्णं शुभाङ्गम् ।
लक्ष्मीकान्तं कमलनयनं योगिभिर्ध्यानगम्यं
वन्दे विष्णुं भवभयहरं सर्वलोकैकनाथम् ॥ ३ ॥

~ॐ~

मेघश्यामं पीतकौशेयवासं श्रीवत्साङ्कं कौस्तुभोद्भासिताङ्गम् ।
पुण्योपेतं पुण्डरीकायताक्षं विष्णुं वन्दे सर्वलोकैकनाथम् ॥४॥

नमः समस्तभूतानामादिभूताय भूभृते ।
अनेकरूपरूपाय विष्णवे प्रभविष्णवे ॥५॥

सशङ्खचक्रं सकिरीटकुण्डलं सपीतवस्त्रं सरसीरुहेक्षणम् ।
सहारवक्षः स्थलशोभिकौस्तुभं
नमामि विष्णुं शिरसा चतुर्भुजम् ॥६॥

छायायां पारिजातस्य हेमसिंहासनोपरि
आसीनमम्बुदश्याममायताक्षमलंकृतम् ।
चन्द्राननं चतुर्बाहुं श्रीवत्साङ्कित वक्षसं
रुक्मिणी सत्यभामाभ्यां सहितं कृष्णमाश्रये ॥७॥

~ॐ~

स्तोत्रम्

~ॐ~

ॐ

विश्वं विष्णुर्वषट्कारो भूतभव्यभवत्प्रभुः ।
भूतकृद्भूतभृद्भावो भूतात्मा भूतभावनः ॥१॥

पूतात्मा परमात्मा च मुक्तानां परमा गतिः ।
अव्ययः पुरुषः साक्षी क्षेत्रज्ञोऽक्षर एव च ॥२॥

योगो योगविदां नेता प्रधानपुरुषेश्वरः ।
नारसिंहवपुः श्रीमान् केशवः पुरुषोत्तमः ॥३॥

सर्वः शर्वः शिवः स्थाणुर्भूतादिर्निधिरव्ययः ।
सम्भवो भावनो भर्ता प्रभवः प्रभुरीश्वरः ॥४॥

स्वयम्भूः शम्भुरादित्यः पुष्कराक्षो महास्वनः ।
अनादिनिधनो धाता विधाता धातुरुत्तमः ॥५॥

अप्रमेयो हृषीकेशः पद्मनाभोऽमरप्रभुः ।
विश्वकर्मा मनुस्त्वष्टा स्थविष्ठः स्थविरो ध्रुवः ॥६॥

अग्राह्यः शाश्वतः कृष्णो लोहिताक्षः प्रतर्दनः ।
प्रभूतस्त्रिककुब्धाम पवित्रं मङ्गलं परम् ॥७॥

ईशानः प्राणदः प्राणो ज्येष्ठः श्रेष्ठः प्रजापतिः ।
हिरण्यगर्भो भूगर्भो माधवो मधुसूदनः ॥८॥

ईश्वरो विक्रमी धन्वी मेधावी विक्रमः क्रमः ।
अनुत्तमो दुराधर्षः कृतज्ञः कृतिरात्मवान् ॥९॥

सुरेशः शरणं शर्म विश्वरेताः प्रजाभवः ।
अहः संवत्सरो व्यालः प्रत्ययः सर्वदर्शनः ॥१०॥

अजः सर्वेश्वरः सिद्धः सिद्धिः सर्वादिरच्युतः ।
वृषाकपिरमेयात्मा सर्वयोगविनिःसृतः ॥११॥

वसुर्वसुमनाः सत्यः समात्माऽसम्मितः समः ।
अमोघः पुण्डरीकाक्षो वृषकर्मा वृषाकृतिः ॥१२॥

रुद्रो बहुशिरा बभ्रुर्विश्वयोनिः शुचिश्रवाः ।
अमृतः शाश्वतस्थाणुर्वरारोहो महातपाः ॥१३॥

सर्वगः सर्वविद्भानुर्विष्वक्सेनो जनार्दनः ।
वेदो वेदविदव्यङ्गो वेदाङ्गो वेदवित् कविः ॥१४॥

लोकाध्यक्षः सुराध्यक्षो धर्माध्यक्षः कृताकृतः ।
चतुरात्मा चतुर्व्यूहश्चतुर्दंष्ट्रश्चतुर्भुजः ॥१५॥

भ्राजिष्णुर्भोजनं भोक्ता सहिष्णुर्जगदादिजः ।
अनघो विजयो जेता विश्वयोनिः पुनर्वसुः ॥१६॥

उपेन्द्रो वामनः प्रांशुरमोघः शुचिरूर्जितः ।
अतीन्द्रः सङ्ग्रहः सर्गो धृतात्मा नियमो यमः ॥१७॥

वेद्यो वैद्यः सदायोगी वीरहा माधवो मधुः ।
अतीन्द्रियो महामायो महोत्साहो महाबलः ॥१८॥

महाबुद्धिर्महावीर्यो महाशक्तिर्महाद्युतिः ।
अनिर्देश्यवपुः श्रीमानमेयात्मा महाद्रिधृक् ॥१९॥

महेष्वासो महीभर्ता श्रीनिवासः सतां गतिः ।
अनिरुद्धः सुरानन्दो गोविन्दो गोविदां पतिः ॥२०॥

मरीचिर्दमनो हंसः सुपर्णो भुजगोत्तमः ।
हिरण्यनाभः सुतपाः पद्मनाभः प्रजापतिः ॥२१॥

अमृत्युः सर्वदृक् सिंहः सन्धाता सन्धिमान् स्थिरः ।
अजो दुर्मर्षणः शास्ता विश्रुतात्मा सुरारिहा ॥२२॥

गुरुर्गुरुतमो धाम सत्यः सत्यपराक्रमः ।
निमिषोऽनिमिषः स्रग्वी वाचस्पतिरुदारधीः ॥२३॥

अग्रणीर्ग्रामणीः श्रीमान् न्यायो नेता समीरणः ।
सहस्रमूर्धा विश्वात्मा सहस्राक्षः सहस्रपात् ॥२४॥

आवर्तनो निवृत्तात्मा संवृतः सम्प्रमर्दनः ।
अहः संवर्तको वह्निरनिलो धरणीधरः ॥२५॥

सुप्रसादः प्रसन्नात्मा विश्वधृग्विश्वभुग्विभुः ।
सत्कर्ता सत्कृतः साधुर्जह्नुर्नारायणो नरः ॥२६॥

असङ्ख्येयोऽप्रमेयात्मा विशिष्टः शिष्टकृच्छुचिः ।
सिद्धार्थः सिद्धसङ्कल्पः सिद्धिदः सिद्धिसाधनः ॥२७॥

वृषाही वृषभो विष्णुर्वृषपर्वा वृषोदरः ।
वर्धनो वर्धमानश्च विविक्तः श्रुतिसागरः ॥२८॥

सुभुजो दुर्धरो वाग्मी महेन्द्रो वसुदो वसुः ।
नैकरूपो बृहद्रूपः शिपिविष्टः प्रकाशनः ॥२९॥

ओजस्तेजोद्युतिधरः प्रकाशात्मा प्रतापनः ।
ऋद्धः स्पष्टाक्षरो मन्त्रश्चन्द्रांशुर्भास्करद्युतिः ॥३०॥

अमृतांशूद्भवो भानुः शशबिन्दुः सुरेश्वरः ।
औषधं जगतः सेतुः सत्यधर्मपराक्रमः ॥३१॥

भूतभव्यभवन्नाथः पवनः पावनोऽनलः ।
कामहा कामकृत्कान्तः कामः कामप्रदः प्रभुः ॥३२॥

युगादिकृद्युगावर्तो नैकमायो महाशनः ।
अदृश्यो व्यक्तरूपश्च सहस्रजिदनन्तजित् ॥३३॥

इष्टोऽविशिष्टः शिष्टेष्टः शिखण्डी नहुषो वृषः ।
क्रोधहा क्रोधकृत्कर्ता विश्वबाहुर्महीधरः ॥३४॥

अच्युतः प्रथितः प्राणः प्राणदो वासवानुजः ।
अपांनिधिरधिष्ठानमप्रमत्तः प्रतिष्ठितः ॥३५॥

स्कन्दः स्कन्दधरो धुर्यो वरदो वायुवाहनः ।
वासुदेवो बृहद्भानुरादिदेवः पुरन्दरः ॥३६॥

अशोकस्तारणस्तारः शूरः शौरिर्जनेश्वरः ।
अनुकूलः शतावर्तः पद्मी पद्मनिभेक्षणः ॥३७॥

पद्मनाभोऽरविन्दाक्षः पद्मगर्भः शरीरभृत् ।
महर्द्धिर्ऋद्धो वृद्धात्मा महाक्षो गरुडध्वजः ॥३८॥

अतुलः शरभो भीमः समयज्ञो हविर्हरिः ।
सर्वलक्षणलक्षण्यो लक्ष्मीवान् समितिञ्जयः ॥३९॥

विक्षरो रोहितो मार्गो हेतुर्दामोदरः सहः ।
महीधरो महाभागो वेगवानमिताशनः ॥४०॥

उद्भवः क्षोभणो देवः श्रीगर्भः परमेश्वरः ।
करणं कारणं कर्ता विकर्ता गहनो गुहः ॥४१॥

व्यवसायो व्यवस्थानः संस्थानः स्थानदो ध्रुवः ।
परर्द्धिः परमस्पष्टस्तुष्टः पुष्टः शुभेक्षणः ॥४२॥

रामो विरामो विरजो मार्गो नेयो नयोऽनयः ।
वीरः शक्तिमतां श्रेष्ठो धर्मो धर्मविदुत्तमः ॥४३॥

वैकुण्ठः पुरुषः प्राणः प्राणदः प्रणवः पृथुः ।
हिरण्यगर्भः शत्रुघ्नो व्याप्तो वायुरधोक्षजः ॥४४॥

ऋतुः सुदर्शनः कालः परमेष्ठी परिग्रहः ।
उग्रः संवत्सरो दक्षो विश्रामो विश्वदक्षिणः ॥४५॥

विस्तारः स्थावरस्थाणुः प्रमाणं बीजमव्ययम् ।
अर्थोऽनर्थो महाकोशो महाभोगो महाधनः ॥४६॥

अनिर्विण्णः स्थविष्ठोऽभूर्धर्मयूपो महामखः ।
नक्षत्रनेमिर्नक्षत्री क्षमः क्षामः समीहनः ॥४७॥

यज्ञ इज्यो महेज्यश्च क्रतुः सत्रं सतां गतिः ।
सर्वदर्शी विमुक्तात्मा सर्वज्ञो ज्ञानमुत्तमम् ॥४८॥

सुव्रतः सुमुखः सूक्ष्मः सुघोषः सुखदः सुहृत् ।
मनोहरो जितक्रोधो वीरबाहुर्विदारणः ॥ ४९ ॥
स्वापनः स्ववशो व्यापी नैकात्मा नैककर्मकृत् ।
वत्सरो वत्सलो वत्सी रत्नगर्भो धनेश्वरः ॥ ५० ॥
धर्मगुब्धर्मकृद्धर्मी सदसत्क्षरमक्षरम् ।
अविज्ञाता सहस्रांशुर्विधाता कृतलक्षणः ॥ ५१ ॥
गभस्तिनेमिः सत्त्वस्थः सिंहो भूतमहेश्वरः ।
आदिदेवो महादेवो देवेशो देवभृद्गुरुः ॥ ५२ ॥
उत्तरो गोपतिर्गोप्ता ज्ञानगम्यः पुरातनः ।
शरीरभूतभृद्भोक्ता कपीन्द्रो भूरिदक्षिणः ॥ ५३ ॥
सोमपोऽमृतपः सोमः पुरुजित्पुरुसत्तमः ।
विनयो जयः सत्यसन्धो दाशार्हः सात्वताम्पतिः ॥ ५४ ॥
जीवो विनयिता साक्षी मुकुन्दोऽमितविक्रमः ।
अम्भोनिधिरनन्तात्मा महोदधिशयोऽन्तकः ॥ ५५ ॥
अजो महार्हः स्वाभाव्यो जितामित्रः प्रमोदनः ।
आनन्दो नन्दनो नन्दः सत्यधर्मा त्रिविक्रमः ॥ ५६ ॥
महर्षिः कपिलाचार्यः कृतज्ञो मेदिनीपतिः ।
त्रिपदस्त्रिदशाध्यक्षो महाशृङ्गः कृतान्तकृत् ॥ ५७ ॥
महावराहो गोविन्दः सुषेणः कनकाङ्गदी ।
गुह्यो गभीरो गहनो गुप्तश्चक्रगदाधरः ॥ ५८ ॥
वेधाः स्वाङ्गोऽजितः कृष्णो दृढः सङ्कर्षणोऽच्युतः ।
वरुणो वारुणो वृक्षः पुष्कराक्षो महामनाः ॥ ५९ ॥

भगवान् भगहाऽऽनन्दी वनमाली हलायुधः ।
आदित्यो ज्योतिरादित्यः सहिष्णुर्गतिसत्तमः ॥ ६० ॥
सुधन्वा खण्डपरशुर्दारुणो द्रविणप्रदः ।
दिवस्पृक् सर्वदृग्व्यासो वाचस्पतिरयोनिजः ॥ ६१ ॥
त्रिसामा सामगः साम निर्वाणं भेषजं भिषक् ।
संन्यासकृच्छमः शान्तो निष्ठा शान्तिः परायणम् ॥ ६२ ॥
शुभाङ्गः शान्तिदः स्रष्टा कुमुदः कुवलेशयः ।
गोहितो गोपतिर्गोप्ता वृषभाक्षो वृषप्रियः ॥ ६३ ॥
अनिवर्ती निवृत्तात्मा सङ्क्षेप्ता क्षेमकृच्छिवः ।
श्रीवत्सवक्षाः श्रीवासः श्रीपतिः श्रीमतांवरः ॥ ६४ ॥
श्रीदः श्रीशः श्रीनिवासः श्रीनिधिः श्रीविभावनः ।
श्रीधरः श्रीकरः श्रेयः श्रीमाँल्लोकत्रयाश्रयः ॥ ६५ ॥
स्वक्षः स्वङ्गः शतानन्दो नन्दिर्ज्योतिर्गणेश्वरः ।
विजितात्माऽविधेयात्मा सत्कीर्तिश्छिन्नसंशयः ॥ ६६ ॥
उदीर्णः सर्वतश्चक्षुरनीशः शाश्वतस्थिरः ।
भूशयो भूषणो भूतिर्विशोकः शोकनाशनः ॥ ६७ ॥
अर्चिष्मानर्चितः कुम्भो विशुद्धात्मा विशोधनः ।
अनिरुद्धोऽप्रतिरथः प्रद्युम्नोऽमितविक्रमः ॥ ६८ ॥
कालनेमिनिहा वीरः शौरिः शूरजनेश्वरः ।
त्रिलोकात्मा त्रिलोकेशः केशवः केशिहा हरिः ॥ ६९ ॥
कामदेवः कामपालः कामी कान्तः कृतागमः ।
अनिर्देश्यवपुर्विष्णुर्वीरोऽनन्तो धनञ्जयः ॥ ७० ॥

ब्रह्मण्यो ब्रह्मकृद् ब्रह्मा ब्रह्म ब्रह्मविवर्धनः ।
ब्रह्मविद् ब्राह्मणो ब्रह्मी ब्रह्मज्ञो ब्राह्मणप्रियः ॥ ७१ ॥
महाक्रमो महाकर्मा महातेजा महोरगः ।
महाक्रतुर्महायज्वा महायज्ञो महाहविः ॥ ७२ ॥
स्तव्यः स्तवप्रियः स्तोत्रं स्तुतिः स्तोता रणप्रियः ।
पूर्णः पूरयिता पुण्यः पुण्यकीर्तिरनामयः ॥ ७३ ॥
मनोजवस्तीर्थकरो वसुरेता वसुप्रदः ।
वसुप्रदो वासुदेवो वसुर्वसुमना हविः ॥ ७४ ॥
सद्गतिः सत्कृतिः सत्ता सद्भूतिः सत्परायणः ।
शूरसेनो यदुश्रेष्ठः सन्निवासः सुयामुनः ॥ ७५ ॥
भूतावासो वासुदेवः सर्वासुनिलयोऽनलः ।
दर्पहा दर्पदो दृप्तो दुर्धरोऽथापराजितः ॥ ७६ ॥
विश्वमूर्तिर्महामूर्तिर्दीप्तमूर्तिरमूर्तिमान् ।
अनेकमूर्तिरव्यक्तः शतमूर्तिः शताननः ॥ ७७ ॥
एको नैकः सवः कः किं यत् तत्पदमनुत्तमम् ।
लोकबन्धुर्लोकनाथो माधवो भक्तवत्सलः ॥ ७८ ॥
सुवर्णवर्णो हेमाङ्गो वराङ्गश्चन्दनाङ्गदी ।
वीरहा विषमः शून्यो घृताशीरचलश्चलः ॥ ७९ ॥
अमानी मानदो मान्यो लोकस्वामी त्रिलोकधृक् ।
सुमेधा मेधजो धन्यः सत्यमेधा धराधरः ॥ ८० ॥
तेजोवृषो द्युतिधरः सर्वशस्त्रभृतां वरः ।
प्रग्रहो निग्रहो व्यग्रो नैकश्रृङ्गो गदाग्रजः ॥ ८१ ॥

चतुर्मूर्तिश्चतुर्बाहुश्चतुर्व्यूहश्चतुर्गतिः ।
चतुरात्मा चतुर्भावश्चतुर्वेदविदेकपात् ॥८२॥

समावर्तोऽनिवृत्तात्मा दुर्जयो दुरतिक्रमः ।
दुर्लभो दुर्गमो दुर्गो दुरावासो दुरारिहा ॥८३॥

शुभाङ्गो लोकसारङ्गः सुतन्तुस्तन्तुवर्धनः ।
इन्द्रकर्मा महाकर्मा कृतकर्मा कृतागमः ॥८४॥

उद्भवः सुन्दरः सुन्दो रत्ननाभः सुलोचनः ।
अर्को वाजसनः शृङ्गी जयन्तः सर्वविज्जयी ॥८५॥

सुवर्णबिन्दुरक्षोभ्यः सर्ववागीश्वरेश्वरः ।
महाह्रदो महागर्तो महाभूतो महानिधिः ॥८६॥

कुमुदः कुन्दरः कुन्दः पर्जन्यः पावनोऽनिलः ।
अमृताशोऽमृतवपुः सर्वज्ञः सर्वतोमुखः ॥८७॥

सुलभः सुव्रतः सिद्धः शत्रुजिच्छत्रुतापनः ।
न्यग्रोधोऽदुम्बरोऽश्वत्थश्चाणूरान्ध्रनिषूदनः ॥८८॥

सहस्रार्चिः सप्तजिह्वः सप्तैधाः सप्तवाहनः ।
अमूर्तिरनघोऽचिन्त्यो भयकृद्भयनाशनः ॥८९॥

अणुर्बृहत्कृशः स्थूलो गुणभृन्निर्गुणो महान् ।
अधृतः स्वधृतः स्वास्यः प्राग्वंशो वंशवर्धनः ॥९०॥

भारभृत् कथितो योगी योगीशः सर्वकामदः ।
आश्रमः श्रमणः क्षामः सुपर्णो वायुवाहनः ॥९१॥

धनुर्धरो धनुर्वेदो दण्डो दमयिता दमः ।
अपराजितः सर्वसहो नियन्ताऽनियमोऽयमः ॥९२॥

सत्त्ववान् सात्त्विकः सत्यः सत्यधर्मपरायणः ।
अभिप्रायः प्रियार्होऽर्हः प्रियकृत् प्रीतिवर्धनः ॥९३॥
विहायसगतिर्ज्योतिः सुरुचिर्हुतभुग्विभुः ।
रविर्विरोचनः सूर्यः सविता रविलोचनः ॥९४॥
अनन्तो हुतभुग्भोक्ता सुखदो नैकजोऽग्रजः ।
अनिर्विण्णः सदामर्षी लोकाधिष्ठानमद्भुतः ॥९५॥
सनात्सनातनतमः कपिलः कपिरव्ययः ।
स्वस्तिदः स्वस्तिकृत्स्वस्ति स्वस्तिभुक्स्वस्तिदक्षिणः ॥९६॥
अरौद्रः कुण्डली चक्री विक्रम्यूर्जितशासनः ।
शब्दातिगः शब्दसहः शिशिरः शर्वरीकरः ॥९७॥
अक्रूरः पेशलो दक्षो दक्षिणः क्षमिणांवरः ।
विद्वत्तमो वीतभयः पुण्यश्रवणकीर्तनः ॥९८॥
उत्तारणो दुष्कृतिहा पुण्यो दुःस्वप्ननाशनः ।
वीरहा रक्षणः सन्तो जीवनः पर्यवस्थितः ॥९९॥
अनन्तरूपोऽनन्तश्रीर्जितमन्युर्भयापहः ।
चतुरश्रो गभीरात्मा विदिशो व्यादिशो दिशः ॥१००॥
अनादिर्भूर्भुवो लक्ष्मीः सुवीरो रुचिराङ्गदः ।
जननो जनजन्मादिर्भीमो भीमपराक्रमः ॥१०१॥
आधारनिलयोऽधाता पुष्पहासः प्रजागरः ।
ऊर्ध्वगः सत्पथाचारः प्राणदः प्रणवः पणः ॥१०२॥
प्रमाणं प्राणनिलयः प्राणभृत्प्राणजीवनः ।
तत्त्वं तत्त्वविदेकात्मा जन्ममृत्युजरातिगः ॥१०३॥

भूर्भुवःस्वस्तरुस्तारः सविता प्रपितामहः ।
यज्ञो यज्ञपतिर्यज्वा यज्ञाङ्गो यज्ञवाहनः ॥१०४॥
यज्ञभृद् यज्ञकृद् यज्ञी यज्ञभुग् यज्ञसाधनः ।
यज्ञान्तकृद् यज्ञगुह्यमन्नमन्नाद एव च ॥१०५॥
आत्मयोनिः स्वयञ्जातो वैखानः सामगायनः ।
देवकीनन्दनः स्रष्टा क्षितीशः पापनाशनः ॥१०६॥
शङ्खभृन्नन्दकी चक्री शार्ङ्गधन्वा गदाधरः ।
रथाङ्गपाणिरक्षोभ्यः सर्वप्रहरणायुधः ॥१०७॥

सर्वप्रहरणायुध ॐ नम इति

वनमाली गदी शार्ङ्गी शङ्खी चक्री च नन्दकी ।
श्रीमान् नारायणो विष्णुर्वासुदेवोऽभिरक्षतु ॥१०८॥

श्री वासुदेवोऽभिरक्षतु ॐ नम इति

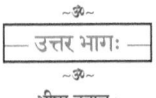

~ॐ~

— उत्तर भागः —

~ॐ~

भीष्म उवाच :

इतीदं कीर्तनीयस्य केशवस्य महात्मनः ।
नाम्नां सहस्रं दिव्यानामशेषेण प्रकीर्तितम् ॥१॥
य इदं शृणुयान्नित्यं यश्चापि परिकीर्तयेत् ।
नाशुभं प्राप्नुयात्किञ्चित्सोऽमुत्रेह च मानवः ॥२॥
वेदान्तगो ब्राह्मणः स्यात्क्षत्रियो विजयी भवेत् ।
वैश्यो धनसमृद्धः स्याच्छूद्रः सुखमवाप्नुयात् ॥३॥
धर्मार्थी प्राप्नुयाद्धर्ममर्थार्थी चार्थमाप्नुयात् ।
कामानवाप्नुयात्कामी प्रजार्थी प्राप्नुयात्प्रजाम् ॥४॥

भक्तिमान् यः सदोत्थाय शुचिस्तद्गतमानसः ।
सहस्रं वासुदेवस्य नाम्नामेतत्प्रकीर्तयेत् ॥५॥
यशः प्राप्नोति विपुलं ज्ञातिप्राधान्यमेव च ।
अचलां श्रियमाप्नोति श्रेयः प्राप्नोत्यनुत्तमम् ॥६॥
न भयं क्वचिदाप्नोति वीर्यं तेजश्च विन्दति ।
भवत्यरोगो द्युतिमान्बलरूपगुणान्वितः ॥७॥
रोगार्तो मुच्यते रोगाद्बद्धो मुच्येत बन्धनात् ।
भयान्मुच्येत भीतस्तु मुच्येतापन्न आपदः ॥८॥
दुर्गाण्यतितरत्याशु पुरुषः पुरुषोत्तमम् ।
स्तुवन्नामसहस्रेण नित्यं भक्तिसमन्वितः ॥९॥
वासुदेवाश्रयो मर्त्यो वासुदेवपरायणः ।
सर्वपापविशुद्धात्मा याति ब्रह्म सनातनम् ॥१०॥
न वासुदेवभक्तानामशुभं विद्यते क्वचित् ।
जन्ममृत्युजराव्याधिभयं नैवोपजायते ॥११॥
इमं स्तवमधीयानः श्रद्धाभक्तिसमन्वितः ।
युज्येतात्मसुखक्षान्तिश्रीधृतिस्मृतिकीर्तिभिः ॥१२॥
न क्रोधो न च मात्सर्यं न लोभो नाशुभा मतिः ।
भवन्ति कृतपुण्यानां भक्तानां पुरुषोत्तमे ॥१३॥
द्यौः सचन्द्रार्कनक्षत्रा खं दिशो भूर्महोदधिः ।
वासुदेवस्य वीर्येण विधृतानि महात्मनः ॥१४॥
ससुरासुरगन्धर्वं सयक्षोरगराक्षसम् ।
जगद्वशे वर्ततेदं कृष्णस्य सचराचरम् ॥१५॥

इन्द्रियाणि मनो बुद्धिः सत्त्वं तेजो बलं धृतिः ।
वासुदेवात्मकान्याहुः क्षेत्रं क्षेत्रज्ञ एव च ॥ १६ ॥
सर्वागमानामाचारः प्रथमं परिकल्पते ।
आचारप्रभवो धर्मो धर्मस्य प्रभुरच्युतः ॥ १७ ॥
ऋषयः पितरो देवा महाभूतानि धातवः ।
जङ्गमाजङ्गमं चेदं जगन्नारायणोद्भवम् ॥ १८ ॥
योगो ज्ञानं तथा साङ्ख्यं विद्याः शिल्पादि कर्म च ।
वेदाः शास्त्राणि विज्ञानमेतत्सर्वं जनार्दनात् ॥ १९ ॥
एको विष्णुर्महद्भूतं पृथग्भूतान्यनेकशः ।
त्रींल्लोकान्व्याप्य भूतात्मा भुङ्क्ते विश्वभुगव्ययः ॥ २० ॥
इमं स्तवं भगवतो विष्णोर्व्यासेन कीर्तितम् ।
पठेद्य इच्छेत्पुरुषः श्रेयः प्राप्तुं सुखानि च ॥ २१ ॥
विश्वेश्वरमजं देवं जगतः प्रभुमव्ययम् ।
भजन्ति ये पुष्कराक्षं न ते यान्ति पराभवम् ॥ २२ ॥
न ते यान्ति पराभवम् ॐ नम इति

~ॐ~

अर्जुन उवाच :

पद्मपत्रविशालाक्ष पद्मनाभ सुरोत्तम ।
भक्तानामनुरक्तानां त्राता भव जनार्दन ॥ २३ ॥

~ॐ~

श्रीभगवानुवाच :

यो मां नामसहस्रेण स्तोतुमिच्छति पाण्डव ।
सोहऽमेकेन श्लोकेन स्तुत एव न संशयः ॥ २४ ॥
स्तुत एव न संशय ॐ नम इति

~ॐ~

व्यास उवाच :

वासनाद्वासुदेवस्य वासितं भुवनत्रयम् ।

सर्वभूतनिवासोऽसि वासुदेव नमोऽस्तु ते ॥ २५॥

श्री वासुदेव नमोऽस्तुत ॐ नम इति

~ॐ~

पार्वत्युवाच :

केनोपायेन लघुना विष्णोर्नामसहस्रकम् ।

पठ्यते पण्डितैर्नित्यं श्रोतुमिच्छाम्यहं प्रभो ॥ २६ ॥

~::ॐ::~

ईश्वर उवाच :

श्रीराम राम रामेति रमे रामे मनोरमे ।

सहस्रनाम तत्तुल्यं राम नाम वरानने ॥ २७॥

श्रीरामनाम वरानन ॐ नम इति

~ॐ~

ब्रह्मोवाच :

नमोऽस्त्वनन्ताय सहस्रमूर्तये सहस्रपादाक्षिशिरोरुबाहवे ।

सहस्रनाम्ने पुरुषाय शाश्वते सहस्रकोटियुगधारिणे नमः ॥ २८॥

सहस्रकोटियुगधारिणे ॐ नम इति

~ॐ~

ॐ तत्सदिति श्रीमहाभारते शतसाहस्र्यां संहितायां
वैयासिक्यामानुशासनिके पर्वणि भीष्मयुधिष्ठिरसंवादे
श्रीविष्णोर्दिव्यसहस्रनामस्तोत्रम् ॥

~ॐ~

सञ्जय उवाच :

यत्र योगेश्वरः कृष्णो यत्र पार्थो धनुर्धरः ।

तत्र श्रीर्विजयो भूतिर्ध्रुवा नीतिर्मतिर्मम ॥ २९॥

~ॐ~

श्रीभगवानुवाच :

अनन्याश्चिन्तयन्तो मां ये जनाः पर्युपासते ।
तेषां नित्याभियुक्तानां योगक्षेमं वहाम्यहम् ॥ ३० ॥

परित्राणाय साधूनां विनाशाय च दुष्कृताम् ।
धर्मसंस्थापनार्थाय सम्भवामि युगे युगे ॥ ३१ ॥

~ॐ~ ॐ~ ॐ~

आर्ताः विषण्णाः शिथिलाश्च भीताः
घोरेषु च व्याधिषु वर्तमानाः ।
सङ्कीर्त्य नारायणशब्दमात्रं विमुक्तदुःखाः
सुखिनो भवन्ति ॥ ३२ ॥

~ॐ~ॐ~ॐ~

कायेन वाचा मनसेन्द्रियैर्वा बुध्यात्मना वा प्रकृतेः स्वभावात् ।
करोमि यद्यत् सकलं परस्मै नारायणायेति समर्पयामि ॥ ३३ ॥

ॐ

—::—

ॐ~ॐ~ॐ~ॐ~ॐ~

~ॐ~ॐ~ॐ~ॐ~ॐ~ॐ~ॐ~

~ॐ~ॐ~ॐ~ॐ~ॐ~ॐ~ॐ~ ॐ~ॐ~

इति श्रीविष्णोर्दिव्यसहस्रनामस्तोत्रं सम्पूर्णम्

~ॐ~ॐ~ॐ~ॐ~ॐ~ॐ~ॐ~

~ॐ~ॐ~ॐ~ॐ~ॐ~

~ॐ~ॐ~ॐ~

~ॐ~

ॐ

श्रीसुन्दरकाण्ड

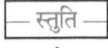

स्तुति

~ॐ~

विघ्नेश्वराय वरदाय सुरप्रियाय लम्बोदराय सकलाय जगत हिताय ।
नागाननाय श्रुतियज्ञविभूषिताय गौरीसुताय गणनाथ नमो नमस्ते ॥

~ॐ~

आइये हनुमंत विराजिये कथा कहूं मति अनुसार ।
प्रेम सहित गादी धरूं पधारिये पवन कुमार ॥

~ॐ~

लोकाभिरामं रणरङ्गधीरं राजीवनेत्रं रघुवंशनाथम् ।
कारुण्यरूपं करुणाकरं तं श्रीरामचन्द्रं शरणं प्रपद्ये ॥

~ॐ~

मनोजवं मारुततुल्यवेगं जितेन्द्रियं बुद्धिमतां वरिष्ठम् ।
वातात्मजं वानरयूथमुख्यं श्रीरामदूतं शरणं प्रपद्ये ॥

~ॐ~

गुरु ब्रह्मा गुरुर्विष्णुः गुरुदेव महेश्वरः ।
गुरु साक्षात्परब्रह्म तस्मैश्री गुरुवे नमः ॥

~ॐ~

श्रीरामचंद्र भगवान की जय ॥
पवनसुत हनुमान की जय ॥
गोस्वामी तुलसीदास की जय ॥
ॐ नमः पार्वती पतये हर हर महादेव ॥

~ॐ~

श्रीराम जयराम जय जय राम । जयजय राम जयजय राम ॥

श्रीराम जयराम जय जय राम । जयजय राम जयजय राम ॥

...

हरे रामा रामा राम । सीताराम राम राम ॥

हरे रामा रामा राम । सीताराम राम राम ॥

...

~ॐ~

ॐ श्री परमात्मने नमः

प्रनवउँ पवनकुमार खल बन पावक ग्यानधन ।
जासु हृदय आगार बसहिं राम सर चाप धर ॥

~ॐ~

(श्रीरामचरितमानस - चतुर्थ सोपान - किष्किन्धाकाण्ड)

[मान्यतानुसार सुन्दरकाण्ड पाठ, भगवत्स्मरण पश्चात, किष्किन्धाकाण्ड दोहा २९ से आरम्भ होता है]

...

दोहा:

बलि बाँधत प्रभु बाढ़ेउ सो तनु बरनि न जाइ ।
उभय घरी महँ दीन्हीं सात प्रदच्छिन धाइ ॥२९॥

चौपाई:

अंगद कहइ जाउँ मैं पारा । जियँ संसय कछु फिरती बारा ॥
जामवंत कह तुम्ह सब लायक । पठइअ किमि सब ही कर नायक ॥
कहइ रीक्षपति सुनु हनुमाना । का चुप साधि रहेहु बलवाना ॥
पवन तनय बल पवन समाना । बुधि बिबेक बिग्यान निधाना ॥
कवन सो काज कठिन जग माहीं । जो नहिं होइ तात तुम्ह पाहीं ॥
राम काज लगि तव अवतारा । सुनतहिं भयउ पर्बताकारा ॥
कनक बरन तन तेज बिराजा । मानहुँ अपर गिरिन्ह कर राजा ॥
सिंहनाद करि बारहिं बारा । लीलहिं नाघउँ जलनिधि खारा ॥
सहित सहाय रावनहि मारी । आनउँ इहाँ त्रिकूट उपारी ॥
जामवंत मैं पूँछउँ तोही । उचित सिखावनु दीजहु मोही ॥
एतना करहु तात तुम्ह जाई । सीतहि देखि कहहु सुधि आई ॥
तब निज भुज बल राजिवनैना । कौतुक लागि संग कपि सेना ॥

छँद:

कपि सेन संग सँघारि निसिचर रामु सीतहि आनिहैं ।
त्रैलोक पावन सुजसु सुर मुनि नारदादि बखानिहैं ॥

जो सुनत गावत कहत समुझत परम पद नर पावई ।
रघुबीर पद पाथोज मधुकर दास तुलसी गावई ॥

दोहा:

भव भेषज रघुनाथ जसु सुनहिं जे नर अरु नारि ।
तिन्ह कर सकल मनोरथ सिद्ध करहिं त्रिसिरारि ॥३०क॥

सोरठा:

नीलोत्पल तन स्याम काम कोटि सोभा अधिक ।
सुनिअ तासु गुन ग्राम जासु नाम अघ खग बधिक ॥३०ख॥

~ॐ~

(इति चतुर्थ सोपान – किष्किन्धाकाण्ड)

ॐ श्रीगणेशाय नमः　　ॐ श्रीजानकीवल्लभो विजयते

ॐ अथ सकलसौभाग्यदायक
श्रीरामचरितमानस - पञ्चम सोपान – श्रीसुन्दरकाण्ड

श्लोक:

शान्तं शाश्वतमप्रमेयमनघं निर्वाणशान्तिप्रदं
ब्रह्माशम्भुफणीन्द्रसेव्यमनिशं वेदान्तवेद्यं विभुम् ।
रामाख्यं जगदीश्वरं सुरगुरुं मायामनुष्यं हरिं
वन्देऽहं करुणाकरं रघुवरं भूपालचूडामणिम् ॥ १ ॥

नान्या स्पृहा रघुपते हृदयेऽस्मदीये
सत्यं वदामि च भवानखिलान्तरात्मा ।
भक्तिं प्रयच्छ रघुपुङ्गव निर्भरां मे
कामादिदोषरहितं कुरु मानसं च ॥ २ ॥

अतुलितबलधामं हेमशैलाभदेहं
दनुजवनकृशानुं ज्ञानिनामग्रगण्यम् ।
सकलगुणनिधानं वानराणामधीशं
रघुपतिप्रियभक्तं वातजातं नमामि ॥ ३ ॥

चौपाई:

जामवंत के बचन सुहाए । सुनि हनुमंत हृदय अति भाए ॥
तब लगि मोहि परिखेहु तुम्ह भाई । सहि दुख कंद मूल फल खाई ॥
जब लगि आवौं सीतहि देखी । होइहि काजु मोहि हरष बिसेषी ॥
यह कहि नाइ सबन्हि कहुँ माथा । चलेउ हरषि हियँ धरि रघुनाथा ॥
सिंधु तीर एक भूधर सुंदर । कौतुक कूदि चढ़ेउ ता ऊपर ॥
बार बार रघुबीर सँभारी । तरकेउ पवनतनय बल भारी ॥
जेहिं गिरि चरन देइ हनुमंता । चलेउ सो गा पाताल तुरंता ॥
जिमि अमोघ रघुपति कर बाना । एही भाँति चलेउ हनुमाना ॥
जलनिधि रघुपति दूत बिचारी । तैं मैनाक होहि श्रमहारी ॥

अजर अमर गुननिधि सुत होहू । करहुँ बहुत रघुनायक छोहू ॥

जनकसुता जग जननि जानकी । अतिसय प्रिय करुना निधान की ॥

दोहा:

हनूमान तेहि परसा कर पुनि कीन्ह प्रनाम ।
राम काजु कीन्हें बिनु मोहि कहाँ बिश्राम ॥१॥

चौपाई:

जात पवनसुत देवन्ह देखा । जानैं कहुँ बल बुद्धि बिसेषा ॥
सुरसा नाम अहिन्ह कै माता । पठइन्हि आइ कही तेहिं बाता ॥
आजु सुरन्ह मोहि दीन्ह अहारा । सुनत बचन कह पवनकुमारा ॥
राम काजु करि फिरि मैं आवौं । सीता कइ सुधि प्रभुहि सुनावौं ॥
तब तव बदन पैठिहउँ आई । सत्य कहउँ मोहि जान दे माई ॥
कवनेहुँ जतन देइ नहिं जाना । ग्रससि न मोहि कहेउ हनुमाना ॥
जोजन भरि तेहिं बदनु पसारा । कपि तनु कीन्ह दुगुन बिस्तारा ॥
सोरह जोजन मुख तेहिं ठयऊ । तुरत पवनसुत बत्तिस भयऊ ॥
जस जस सुरसा बदनु बढ़ावा । तासु दून कपि रूप देखावा ॥
सत जोजन तेहिं आनन कीन्हा । अति लघु रूप पवनसुत लीन्हा ॥
बदन पइठि पुनि बाहेर आवा । मागा बिदा ताहि सिरु नावा ॥
मोहि सुरन्ह जेहि लागि पठावा । बुधि बल मरमु तोर मै पावा ॥

दोहा:

राम काजु सबु करिहहु तुम्ह बल बुद्धि निधान ।
आसिष देह गई सो हरषि चलेउ हनुमान ॥२॥

चौपाई:

निसिचरि एक सिंधु महुँ रहई । करि माया नभु के खग गहई ॥
जीव जंतु जे गगन उड़ाहीं । जल बिलोकि तिन्ह कै परिछाहीं ॥
गहइ छाहँ सक सो न उड़ाई । एहि बिधि सदा गगनचर खाई ॥
सोइ छल हनूमान कहँ कीन्हा । तासु कपटु कपि तुरतहिं चीन्हा ॥
ताहि मारि मारुतसुत बीरा । बारिधि पार गयउ मतिधीरा ॥
तहाँ जाइ देखी बन सोभा । गुंजत चंचरीक मधु लोभा ॥
नाना तरु फल फूल सुहाए । खग मृग बृंद देखि मन भाए ॥
सैल बिसाल देखि एक आगें । ता पर धाइ चढेउ भय त्यागें ॥

उमा न कछु कपि कै अधिकाई । प्रभु प्रताप जो कालहि खाई ॥
गिरि पर चढि लंका तेहिं देखी । कहि न जाइ अति दुर्ग बिसेषी ॥
अति उतंग जलनिधि चहु पासा । कनक कोट कर परम प्रकासा ॥

छँद:

कनक कोट बिचित्र मनि कृत सुंदरायतना घना ।
चउहट्ट हट्ट सुबट्ट बीथीं चारु पुर बहु बिधि बना ॥
गज बाजि खच्चर निकर पदचर रथ बरूथन्हि को गनै ।
बहुरूप निसिचर जूथ अतिबल सेन बरनत नहिं बनै ॥ १ ॥

बन बाग उपबन बाटिका सर कूप बापीं सोहहीं ।
नर नाग सुर गंधर्ब कन्या रूप मुनि मन मोहहीं ॥
कहुँ माल देह बिसाल सैल समान अतिबल गर्जहीं ।
नाना अखारेन्ह भिरहिं बहु बिधि एक एकन्ह तर्जहीं ॥ २ ॥

करि जतन भट कोटिन्ह बिकट तन नगर चहुँ दिसि रच्छहीं ।
कहुँ महिष मानषु धेनु खर अज खल निसाचर भच्छहीं ॥
एहि लागि तुलसीदास इन्ह की कथा कछु एक है कही ।
रघुबीर सर तीरथ सरीरन्हि त्यागि गति पैहहिं सही ॥ ३ ॥

दोहा:

पुर रखवारे देखि बहु कपि मन कीन्ह बिचार ।
अति लघु रूप धरौं निसि नगर करौं पइसार ॥ ३ ॥

चौपाई:

मसक समान रूप कपि धरी । लंकहि चलेउ सुमिरि नरहरी ॥
नाम लंकिनी एक निसिचरी । सो कह चलेसि मोहि निंदरी ॥
जानेहि नहीं मरमु सठ मोरा । मोर अहार जहाँ लगि चोरा ॥
मुठिका एक महा कपि हनी । रुधिर बमत धरनीं ढनमनी ॥
पुनि संभारि उठि सो लंका । जोरि पानि कर बिनय संसका ॥

जब रावनहि ब्रह्म बर दीन्हा । चलत बिरंचि कहा मोहि चीन्हा ॥
बिकल होसि तैं कपि कें मारे । तब जानेसु निसिचर संघारे ॥
तात मोर अति पुन्य बहूता । देखेउँ नयन राम कर दूता ॥

दोहा:

तात स्वर्ग अपबर्ग सुख धरिअ तुला एक अंग ।
तूल न ताहि सकल मिलि जो सुख लव सतसंग ॥४॥

चौपाई:

प्रबिसि नगर कीजे सब काजा । हृदयँ राखि कोसलपुर राजा ॥
गरल सुधा रिपु करहिं मिताई । गोपद सिंधु अनल सितलाई ॥
गरुड़ सुमेरु रेनु सम ताही । राम कृपा करि चितवा जाही ॥
अति लघु रूप धरेउ हनुमाना । पैठा नगर सुमिरि भगवाना ॥
मंदिर मंदिर प्रति करि सोधा । देखे जहँ तहँ अगनित जोधा ॥
गयउ दसानन मंदिर माहीं । अति बिचित्र कहि जात सो नाहीं ॥
सयन किएँ देखा कपि तेही । मंदिर महुँ न दीखि बैदेही ॥
भवन एक पुनि दीख सुहावा । हरि मंदिर तहँ भिन्न बनावा ॥

दोहा:

रामायुध अंकित गृह सोभा बरनि न जाइ ।
नव तुलसिका बृंद तहँ देखि हरष कपिराइ ॥५॥

चौपाई:

लंका निसिचर निकर निवासा । इहाँ कहाँ सज्जन कर बासा ॥
मन महुँ तरक करैं कपि लागा । तेहीं समय बिभीषनु जागा ॥
राम राम तेहिं सुमिरन कीन्हा । हृदयँ हरष कपि सज्जन चीन्हा ॥
एहि सन हठि करिहउँ पहिचानी । साधु ते होइ न कारज हानी ॥
बिप्र रुप धरि बचन सुनाए । सुनत बिभीषन उठि तहँ आए ॥
करि प्रनाम पूँछी कुसलाई । बिप्र कहहु निज कथा बुझाई ॥
की तुम्ह हरि दासन्ह महँ कोई । मोरें हृदय प्रीति अति होई ॥
की तुम्ह रामु दीन अनुरागी । आयहु मोहि करन बड़भागी ॥

दोहा:

तब हनुमंत कही सब राम कथा निज नाम ।
सुनत जुगल तन पुलक मन मगन सुमिरि गुन ग्राम ॥६॥

चौपाई:

सुनहु पवनसुत रहनि हमारी । जिमि दसनन्हि महुँ जीभ बिचारी ॥
तात कबहुँ मोहि जानि अनाथा । करिहहिं कृपा भानुकुल नाथा ॥
तामस तनु कछु साधन नाहीं । प्रीति न पद सरोज मन माहीं ॥
अब मोहि भा भरोस हनुमंता । बिनु हरिकृपा मिलहिं नहिं संता ॥
जौं रघुबीर अनुग्रह कीन्हा । तौ तुम्ह मोहि दरसु हठि दीन्हा ॥
सुनहु बिभीषन प्रभु कै रीती । करहिं सदा सेवक पर प्रीती ॥
कहहु कवन मैं परम कुलीना । कपि चंचल सबहीं बिधि हीना ॥
प्रात लेइ जो नाम हमारा । तेहि दिन ताहि न मिलै अहारा ॥

दोहा:

अस मैं अधम सखा सुनु मोहू पर रघुबीर ।
कीन्ही कृपा सुमिरि गुन भरे बिलोचन नीर ॥७॥

चौपाई:

जानतहूँ अस स्वामि बिसारी । फिरहिं ते काहे न होहिं दुखारी ॥
एहि बिधि कहत राम गुन ग्रामा । पावा अनिर्बाच्य बिश्रामा ॥
पुनि सब कथा बिभीषन कही । जेहि बिधि जनकसुता तहँ रही ॥
तब हनुमंत कहा सुनु भ्राता । देखी चहउँ जानकी माता ॥
जुगुति बिभीषन सकल सुनाई । चलेउ पवनसुत बिदा कराई ॥
करि सोइ रूप गयउ पुनि तहवाँ । बन असोक सीता रह जहवाँ ॥
देखि मनहि महुँ कीन्ह प्रनामा । बैठेहिं बीति जात निसि जामा ॥
कृस तनु सीस जटा एक बेनी । जपति हृदयँ रघुपति गुन श्रेनी ॥

दोहा:

निज पद नयन दिएँ मन राम पद कमल लीन ।
परम दुखी भा पवनसुत देखि जानकी दीन ॥८॥

३२

चौपाई:

तरु पल्लव महुँ रहा लुकाई । करइ बिचार करौं का भाई ॥
तेहि अवसर रावनु तहँ आवा । संग नारि बहु किएँ बनावा ॥
बहु बिधि खल सीतहि समुझावा । साम दान भय भेद देखावा ॥
कह रावनु सुनु सुमुखि सयानी । मंदोदरी आदि सब रानी ॥
तव अनुचरीं करउँ पन मोरा । एक बार बिलोकु मम ओरा ॥
तृन धरि ओट कहति बैदेही । सुमिरि अवधपति परम सनेही ॥
सुनु दसमुख खद्योत प्रकासा । कबहुँ कि नलिनी करइ बिकासा ॥
अस मन समुझु कहति जानकी । खल सुधि नहिं रघुबीर बान की ॥
सठ सूनें हरि आनेहि मोही । अधम निलज्ज लाज नहिं तोही ॥

दोहा:

आपुहि सुनि खद्योत सम रामहि भानु समान ।
परुष बचन सुनि काढ़ि असि बोला अति खिसिआन ॥९॥

चौपाई:

सीता तैं मम कृत अपमाना । कटिहउँ तव सिर कठिन कृपाना ॥
नाहिं त सपदि मानु मम बानी । सुमुखि होति न त जीवन हानी ॥
स्याम सरोज दाम सम सुंदर । प्रभु भुज करि कर सम दसकंधर ॥
सो भुज कंठ कि तव असि घोरा । सुनु सठ अस प्रवान पन मोरा ॥
चंद्रहास हरु मम परितापं । रघुपति बिरह अनल संजातं ॥
सीतल निसित बहसि बर धारा । कह सीता हरु मम दुख भारा ॥
सुनत बचन पुनि मारन धावा । मयतनयाँ कहि नीति बुझावा ॥
कहेसि सकल निसिचरिन्ह बोलाई । सीतहि बहु बिधि त्रासहु जाई ॥
मास दिवस महुँ कहा न माना । तौ मैं मारबि काढ़ि कृपाना ॥

दोहा:

भवन गयउ दसकंधर इहाँ पिसाचिनि बृंद ।
सीतहि त्रास देखावहिं धरहिं रूप बहु मंद ॥१०॥

चौपाई:

त्रिजटा नाम राच्छसी एका । राम चरन रति निपुन बिबेका ॥
सबन्हौ बोलि सुनाएसि सपना । सीतहि सेइ करहु हित अपना ॥
सपनें बानर लंका जारी । जातुधान सेना सब मारी ॥
खर आरूढ़ नगन दससीसा । मुंडित सिर खंडित भुज बीसा ॥
एहि बिधि सो दच्छिन दिसि जाई । लंका मनहुँ बिभीषन पाई ॥
नगर फिरी रघुबीर दोहाई । तब प्रभु सीता बोलि पठाई ॥
यह सपना मैं कहउँ पुकारी । होइहि सत्य गएँ दिन चारी ॥
तासु बचन सुनि ते सब डरीं । जनकसुता के चरनन्हि परीं ॥

दोहा:

जहँ तहँ गईं सकल तब सीता कर मन सोच ।
मास दिवस बीतें मोहि मारिहि निसिचर पोच ॥११॥

चौपाई:

त्रिजटा सन बोलीं कर जोरी । मातु बिपति संगिनि तैं मोरी ॥
तजौं देह करु बेगि उपाई । दुसहु बिरहु अब नहिं सहि जाई ॥
आनि काठ रचु चिता बनाई । मातु अनल पुनि देहि लगाई ॥
सत्य करहि मम प्रीति सयानी । सुनै को श्रवन सूल सम बानी ॥
सुनत बचन पद गहि समुझाएसि । प्रभु प्रताप बल सुजसु सुनाएसि ॥
निसि न अनल मिल सुनु सुकुमारी । अस कहि सो निज भवन सिधारी ॥
कह सीता बिधि भा प्रतिकूला । मिलिहि न पावक मिटिहि न सूला ॥
देखिअत प्रगट गगन अंगारा । अवनि न आवत एकउ तारा ॥
पावकमय ससि स्त्रवत न आगी । मानहुँ मोहि जानि हत भागी ॥
सुनहि बिनय मम बिटप असोका । सत्य नाम करु हरु मम सोका ॥
नूतन किसलय अनल समाना । देहि अगिनि जनि करहि निदाना ॥
देखि परम बिरहाकुल सीता । सो छन कपिहि कलप सम बीता ॥

सोरठा:

कपि करि हृदयँ बिचार दीन्हि मुद्रिका डारि तब ।
जनु असोक अंगार दीन्ह हरषि उठि कर गहेउ ॥१२॥

चौपाई:

तब देखी मुद्रिका मनोहर । राम नाम अंकित अति सुंदर ॥
चकित चितव मुदरी पहिचानी । हरष बिषाद हृदयँ अकुलानी ॥
जीति को सकइ अजय रघुराई । माया तें असि रचि नहिं जाई ॥
सीता मन बिचार कर नाना । मधुर बचन बोलेउ हनुमाना ॥
रामचंद्र गुन बरनैं लागा । सुनतहिं सीता कर दुख भागा ॥
लागीं सुनैं श्रवन मन लाई । आदिहु तें सब कथा सुनाई ॥
श्रवनामृत जेहिं कथा सुहाई । कही सो प्रगट होति किन भाई ॥
तब हनुमंत निकट चलि गयऊ । फिरि बैठीं मन बिसमय भयऊ ॥
राम दूत मैं मातु जानकी । सत्य सपथ करुनानिधान की ॥
यह मुद्रिका मातु मैं आनी । दीन्हि राम तुम्ह कहँ सहिदानी ॥
नर बानरहि संग कहु कैसें । कही कथा भइ संगति जैसें ॥

दोहा:

कपि के बचन सप्रेम सुनि उपजा मन बिस्वास ।
जाना मन क्रम बचन यह कृपासिंधु कर दास ॥१३॥

चौपाई:

हरिजन जानि प्रीति अति गाढ़ी । सजल नयन पुलकावलि बाढ़ी ॥
बूडत बिरह जलधि हनुमाना । भयहु तात मो कहुँ जलजाना ॥
अब कहु कुसल जाउँ बलिहारी । अनुज सहित सुख भवन खरारी ॥
कोमलचित कृपाल रघुराई । कपि केहि हेतु धरी निठुराई ॥
सहज बानि सेवक सुख दायक । कबहुँक सुरति करत रघुनायक ॥
कबहुँ नयन मम सीतल ताता । होइहहिं निरखि स्याम मृदु गाता ॥
बचनु न आव नयन भरे बारी । अहह नाथ हौं निपट बिसारी ॥
देखि परम बिरहाकुल सीता । बोला कपि मृदु बचन बिनीता ॥

मातु कुसल प्रभु अनुज समेता । तव दुख दुखी सुकृपा निकेता ॥
जनि जननी मानहु जियँ ऊना । तुम्ह ते प्रेमु राम कें दूना ॥

दोहा:

रघुपति कर संदेसु अब सुनु जननी धरि धीर ।
अस कहि कपि गदगद भयउ भरे बिलोचन नीर ॥१४॥

चौपाई:

कहेउ राम बियोग तव सीता । मो कहुँ सकल भए बिपरीता ॥
नव तरु किसलय मनहुँ कृसानू । काल निसा सम निसि ससि भानू ॥
कुबलय बिपिन कुंत बन सरिसा । बारिद तपत तेल जनु बरिसा ॥
जे हित रहे करत तेइ पीरा । उरग स्वास सम त्रिबिध समीरा ॥
कहेहू तें कछु दुख घटि होई । काहि कहौं यह जान न कोई ॥
तत्व प्रेम कर मम अरु तोरा । जानत प्रिया एकु मनु मोरा ॥
सो मनु सदा रहत तोहि पाहीं । जानु प्रीति रसु एतनेहि माहीं ॥
प्रभु संदेसु सुनत बैदेही । मगन प्रेम तन सुधि नहिं तेही ॥
कह कपि हृदयँ धीर धरु माता । सुमिरु राम सेवक सुखदाता ॥
उर आनहु रघुपति प्रभुताई । सुनि मम बचन तजहु कदराई ॥

दोहा:

निसिचर निकर पतंग सम रघुपति बान कृसानु ।
जननी हृदयँ धीर धरु जरे निसाचर जानु ॥१५॥

चौपाई:

जौं रघुबीर होति सुधि पाई । करते नहिं बिलंबु रघुराई ॥
राम बान रबि उएँ जानकी । तम बरूथ कहँ जातुधान की ॥
अबहिं मातु मैं जाउँ लवाई । प्रभु आयसु नहिं राम दोहाई ॥
कछुक दिवस जननी धरु धीरा । कपिन्ह सहित अइहहिं रघुबीरा ॥
निसिचर मारि तोहि लै जैहहिं । तिहुँ पुर नारदादि जसु गैहहिं ॥
हैं सुत कपि सब तुम्हहि समाना । जातुधान अति भट बलवाना ॥
मोरें हृदय परम संदेहा । सुनि कपि प्रगट कीन्हि निज देहा ॥

कनक भूधराकार सरीरा । समर भयंकर अतिबल बीरा ॥
सीता मन भरोस तब भयऊ । पुनि लघु रूप पवनसुत लयऊ ॥

दोहा:

सुनु माता साखामृग नहिं बल बुद्धि बिसाल ।
प्रभु प्रताप तें गरुड़हि खाइ परम लघु ब्याल ॥१६॥

चौपाई:

मन संतोष सुनत कपि बानी । भगति प्रताप तेज बल सानी ॥
आसिष दीन्हि रामप्रिय जाना । होहु तात बल सील निधाना ॥
अजर अमर गुननिधि सुत होहू । करहुँ बहुत रघुनायक छोहू ॥
करहुँ कृपा प्रभु अस सुनि काना । निर्भर प्रेम मगन हनुमाना ॥
बार बार नाएसि पद सीसा । बोला बचन जोरि कर कीसा ॥
अब कृतकृत्य भयउँ मैं माता । आसिष तव अमोघ बिख्याता ॥
सुनहु मातु मोहि अतिसय भूखा । लागि देखि सुंदर फल रूखा ॥
सुनु सुत करहिं बिपिन रखवारी । परम सुभट रजनीचर भारी ॥
तिन्ह कर भय माता मोहि नाहीं । जौं तुम्ह सुख मानहु मन माहीं ॥

दोहा:

देखि बुद्धि बल निपुन कपि कहेउ जानकीं जाहु ।
रघुपति चरन हृदयँ धरि तात मधुर फल खाहु ॥१७॥

चौपाई:

चलेउ नाइ सिरु पैठेउ बागा । फल खाएसि तरु तोरैं लागा ॥
रहे तहाँ बहु भट रखवारे । कछु मारेसि कछु जाइ पुकारे ॥
नाथ एक आवा कपि भारी । तेहिं असोक बाटिका उजारी ॥
खाएसि फल अरु बिटप उपारे । रच्छक मर्दि मर्दि महि डारे ॥
सुनि रावन पठए भट नाना । तिन्हहि देखि गर्जेउ हनुमाना ॥
सब रजनीचर कपि संघारे । गए पुकारत कछु अधमारे ॥
पुनि पठयउ तेहिं अच्छकुमारा । चला संग लै सुभट अपारा ॥
आवत देखि बिटप गहि तर्जा । ताहि निपाति महाधुनि गर्जा ॥

दोहा:

कछु मारेसि कछु मर्देसि कछु मिलएसि धरि धूरि।
कछु पुनि जाइ पुकारे प्रभु मर्कट बल भूरि॥१८॥

चौपाई:

सुनि सुत बध लंकेस रिसाना। पठएसि मेघनाद बलवाना॥
मारसि जनि सुत बांधेसु ताही। देखिअ कपिहि कहाँ कर आही॥
चला इंद्रजित अतुलित जोधा। बंधु निधन सुनि उपजा क्रोधा॥
कपि देखा दारुन भट आवा। कटकटाइ गर्जा अरु धावा॥
अति बिसाल तरु एक उपारा। बिरथ कीन्ह लंकेस कुमारा॥
रहे महाभट ताके संगा। गहि गहि कपि मर्दइ निज अंगा॥
तिन्हहि निपाति ताहि सन बाजा। भिरे जुगल मानहुँ गजराजा॥
मुठिका मारि चढ़ा तरु जाई। ताहि एक छन मुरुछा आई॥
उठि बहोरि कीन्हिसि बहु माया। जीति न जाइ प्रभंजन जाया॥

दोहा:

ब्रह्म अस्त्र तेहिं साँधा कपि मन कीन्ह बिचार।
जौं न ब्रह्मसर मानउँ महिमा मिटइ अपार॥१९॥

चौपाई:

ब्रह्मबान कपि कहुँ तेहिं मारा। परतिहुँ बार कटकु संघारा॥
तेहिं देखा कपि मुरुछित भयऊ। नागपास बाँधेसि लै गयऊ॥
जासु नाम जपि सुनहु भवानी। भव बंधन काटहिं नर ग्यानी॥
तासु दूत कि बंध तरु आवा। प्रभु कारज लगि कपिहिं बँधावा॥
कपि बंधन सुनि निसिचर धाए। कौतुक लागि सभाँ सब आए॥
दसमुख सभा दीखि कपि जाई। कहि न जाइ कछु अति प्रभुताई॥
कर जोरें सुर दिसिप बिनीता। भृकुटि बिलोकत सकल सभीता॥
देखि प्रताप न कपि मन संका। जिमि अहिगन महुँ गरुड़ असंका॥

दोहा:

कपिहि बिलोकि दसानन बिहसा कहि दुर्बाद ।
सुत बध सुरति कीन्हि पुनि उपजा हृदयँ बिषाद ॥ २० ॥

चौपाई:

कह लंकेस कवन तैं कीसा । केहि कें बल घालेहि बन खीसा ॥
की धौं श्रवन सुनेहि नहिं मोही । देखउँ अति असंक सठ तोही ॥
मारे निसिचर केहिं अपराधा । कहु सठ तोहि न प्रान कइ बाधा ॥
सुनु रावन ब्रह्मांड निकाया । पाइ जासु बल बिरचति माया ॥
जाकें बल बिरंचि हरि ईसा । पालत सृजत हरत दससीसा ॥
जा बल सीस धरत सहसानन । अंडकोस समेत गिरि कानन ॥
धरइ जो बिबिध देह सुरत्राता । तुम्ह ते सठन्ह सिखावनु दाता ॥
हर कोदंड कठिन जेहिं भंजा । तेहि समेत नृप दल मद गंजा ॥
खर दूषन त्रिसिरा अरु बाली । बधे सकल अतुलित बलसाली ॥

दोहा:

जाके बल लवलेस तें जितेहु चराचर झारि ।
तासु दूत मैं जा करि हरि आनेहु प्रिय नारि ॥ २१ ॥

चौपाई:

जानउँ मैं तुम्हारि प्रभुताई । सहसबाहु सन परी लराई ॥
समर बालि सन करि जसु पावा । सुनि कपि बचन बिहसि बिहरावा ॥
खायउँ फल प्रभु लागी भूँखा । कपि सुभाव तें तोरेउँ रूखा ॥
सब कें देह परम प्रिय स्वामी । मारहिं मोहि कुमारग गामी ॥
जिन्ह मोहि मारा ते मैं मारे । तेहि पर बाँधेउँ तनयँ तुम्हारे ॥
मोहि न कछु बाँधे कइ लाजा । कीन्ह चहउँ निज प्रभु कर काजा ॥
बिनती करउँ जोरि कर रावन । सुनहु मान तजि मोर सिखावन ॥
देखहु तुम्ह निज कुलहि बिचारी । भ्रम तजि भजहु भगत भय हारी ॥
जाकें डर अति काल डेराई । जो सुर असुर चराचर खाई ॥
तासों बयरु कबहुँ नहिं कीजै । मोरे कहें जानकी दीजै ॥

दोहा:

प्रनतपाल रघुनायक करुना सिंधु खरारि ।
गएँ सरन प्रभु राखिहैं तव अपराध बिसारि ॥२२॥

चौपाई:

राम चरन पंकज उर धरहू । लंका अचल राजु तुम्ह करहू ॥
रिषि पुलस्ति जसु बिमल मंयका । तेहि ससि महुँ जनि होहु कलंका ॥
राम नाम बिनु गिरा न सोहा । देखु बिचारि त्यागि मद मोहा ॥
बसन हीन नहिं सोह सुरारी । सब भूषन भूषित बर नारी ॥
राम बिमुख संपति प्रभुताई । जाइ रही पाई बिनु पाई ॥
सजल मूल जिन्ह सरितन्ह नाहीं । बरषि गए पुनि तबहिं सुखाहीं ॥
सुनु दसकंठ कहउँ पन रोपी । बिमुख राम त्राता नहिं कोपी ॥
संकर सहस बिष्नु अज तोही । सकहिं न राखि राम कर द्रोही ॥

दोहा:

मोहमूल बहु सूल प्रद त्यागहु तम अभिमान ।
भजहु राम रघुनायक कृपा सिंधु भगवान ॥२३॥

चौपाई:

जदपि कही कपि अति हित बानी । भगति बिबेक बिरति नय सानी ॥
बोला बिहसि महा अभिमानी । मिला हमहि कपि गुर बड़ ग्यानी ॥
मृत्यु निकट आई खल तोही । लागेसि अधम सिखावन मोही ॥
उलटा होइहि कह हनुमाना । मतिभ्रम तोर प्रगट मैं जाना ॥
सुनि कपि बचन बहुत खिसिआना । बेगि न हरहु मूढ़ कर प्राना ॥
सुनत निसाचर मारन धाए । सचिवन्ह सहित बिभीषनु आए ॥
नाइ सीस करि बिनय बहूता । नीति बिरोध न मारिअ दूता ॥
आन दंड कछु करिअ गोसाँई । सबहीं कहा मंत्र भल भाई ॥
सुनत बिहसि बोला दसकंधर । अंग भंग करि पठइअ बंदर ॥

दोहा:

कपि कें ममता पूँछ पर सबहि कहउँ समुझाइ ।
तेल बोरि पट बाँधि पुनि पावक देहु लगाइ ॥२४॥

चौपाई:

पूँछहीन बानर तहँ जाइहि । तब सठ निज नाथहि लइ आइहि ॥
जिन्ह कै कीन्हिसि बहुत बड़ाई । देखउँ मैं तिन्ह कै प्रभुताई ॥
बचन सुनत कपि मन मुसुकाना । भइ सहाय सारद मैं जाना ॥
जातुधान सुनि रावन बचना । लागे रचैं मूढ़ सोइ रचना ॥
रहा न नगर बसन घृत तेला । बाढ़ी पूँछ कीन्ह कपि खेला ॥
कौतुक कहँ आए पुरबासी । मारहिं चरन करहिं बहु हाँसी ॥
बाजहिं ढोल देहिं सब तारी । नगर फेरि पुनि पूँछ प्रजारी ॥
पावक जरत देखि हनुमंता । भयउ परम लघुरुप तुरंता ॥
निबुकि चढ़ेउ कपि कनक अटारीं । भईं सभीत निसाचर नारीं ॥

दोहा:

हरि प्रेरित तेहि अवसर चले मरुत उनचास ।
अट्टहास करि गर्जा कपि बढ़ि लाग अकास ॥२५॥

चौपाई:

देह बिसाल परम हरुआई । मंदिर तें मंदिर चढ़ धाई ॥
जरइ नगर भा लोग बिहाला । झपट लपट बहु कोटि कराला ॥
तात मातु हा सुनिअ पुकारा । एहिं अवसर को हमहि उबारा ॥
हम जो कहा यह कपि नहिं होई । बानर रूप धरें सुर कोई ॥
साधु अवग्या कर फलु ऐसा । जरइ नगर अनाथ कर जैसा ॥
जारा नगरु निमिष एक माहीं । एक बिभीषन कर गृह नाहीं ॥
ता कर दूत अनल जेहिं सिरिजा । जरा न सो तेहि कारन गिरिजा ॥
उलटि पलटि लंका सब जारी । कूदि परा पुनि सिंधु मझारी ॥

दोहा:

पूँछ बुझाइ खोइ श्रम धरि लघु रूप बहोरि ।
जनकसुता कें आगें ठाढ़ भयउ कर जोरि ॥२६॥

चौपाई:

मातु मोहि दीजे कछु चीन्हा । जैसें रघुनायक मोहि दीन्हा ॥
चूडामनि उतारि तब दयऊ । हरष समेत पवनसुत लयऊ ॥
कहेहु तात अस मोर प्रनामा । सब प्रकार प्रभु पूरनकामा ॥
दीन दयाल बिरिदु संभारी । हरहु नाथ मम संकट भारी ॥
तात सक्रसुत कथा सुनाएहु । बान प्रताप प्रभुहि समुझाएहु ॥
मास दिवस महुँ नाथु न आवा । तौ पुनि मोहि जिअत नहिं पावा ॥
कहु कपि केहि बिधि राखौं प्राना । तुम्हहू तात कहत अब जाना ॥
तोहि देखि सीतलि भइ छाती । पुनि मो कहुँ सोइ दिनु सो राती ॥

दोहा:

जनकसुतहि समुझाइ करि बहु बिधि धीरजु दीन्ह ।
चरन कमल सिरु नाइ कपि गवनु राम पहिं कीन्ह ॥२७॥

चौपाई:

चलत महाधुनि गर्जेसि भारी । गर्भ स्रवहिं सुनि निसिचर नारी ॥
नाघि सिंधु एहि पारहि आवा । सबद किलिकिला कपिन्ह सुनावा ॥
हरषे सब बिलोकि हनुमाना । नूतन जन्म कपिन्ह तब जाना ॥
मुख प्रसन्न तन तेज बिराजा । कीन्हेसि रामचन्द्र कर काजा ॥
मिले सकल अति भए सुखारी । तलफत मीन पाव जिमि बारी ॥
चले हरषि रघुनायक पासा । पूँछत कहत नवल इतिहासा ॥
तब मधुबन भीतर सब आए । अंगद संमत मधु फल खाए ॥
रखवारे जब बरजन लागे । मुष्टि प्रहार हनत सब भागे ॥

दोहा:

जाइ पुकारे ते सब बन उजार जुबराज ।
सुनि सुग्रीव हरष कपि करि आए प्रभु काज ॥२८॥

अजर अमर गुननिधि सुत होहू । करहुँ बहुत रघुनायक छोहू ॥

जनकसुता जग जननि जानकी । अतिसय प्रिय करुना निधान की ॥

चौपाई:

जौं न होति सीता सुधि पाई । मधुबन के फल सकहिं कि खाई ॥
एहि बिधि मन बिचार कर राजा । आइ गए कपि सहित समाजा ॥
आइ सबन्हि नावा पद सीसा । मिलेउ सबन्हि अति प्रेम कपीसा ॥
पूँछी कुसल कुसल पद देखी । राम कृपाँ भा काजु बिसेषी ॥
नाथ काजु कीन्हेउ हनुमाना । राखे सकल कपिन्ह के प्राना ॥
सुनि सुग्रीव बहुरि तेहि मिलेऊ । कपिन्ह सहित रघुपति पहिं चलेऊ ॥
राम कपिन्ह जब आवत देखा । किएँ काजु मन हरष बिसेषा ॥
फटिक सिला बैठे द्वौ भाई । परे सकल कपि चरनन्हि जाई ॥

दोहा:

प्रीति सहित सब भेटे रघुपति करुना पुंज ।
पूँछी कुसल नाथ अब कुसल देखि पद कंज ॥२९॥

चौपाई:

जामवंत कह सुनु रघुराया । जा पर नाथ करहु तुम्ह दाया ॥
ताहि सदा सुभ कुसल निरंतर । सुर नर मुनि प्रसन्न ता ऊपर ॥
सोइ बिजई बिनई गुन सागर । तासु सुजसु त्रैलोक उजागर ॥
प्रभु कीं कृपा भयउ सबु काजू । जन्म हमार सुफल भा आजू ॥
नाथ पवनसुत कीन्हि जो करनी । सहसहुँ मुख न जाइ सो बरनी ॥
पवनतनय के चरित सुहाए । जामवंत रघुपतिहि सुनाए ॥
सुनत कृपानिधि मन अति भाए । पुनि हनुमान हरषि हियँ लाए ॥
कहहु तात केहि भाँति जानकी । रहति करति रच्छा स्वप्रान की ॥

दोहा:

नाम पाहरु दिवस निसि ध्यान तुम्हार कपाट ।
लोचन निज पद जंत्रित जाहिं प्रान केहिं बाट ॥३०॥

चौपाई:

चलत मोहि चूड़ामनि दीन्ही । रघुपति हृदयँ लाइ सोइ लीन्ही ॥
नाथ जुगल लोचन भरि बारी । बचन कहे कछु जनककुमारी ॥
अनुज समेत गहेहु प्रभु चरना । दीन बंधु प्रनतारति हरना ॥

मन क्रम बचन चरन अनुरागी । केहिं अपराध नाथ हौं त्यागी ॥
अवगुन एक मोर मैं माना । बिछुरत प्रान न कीन्ह पयाना ॥
नाथ सो नयनन्हि को अपराधा । निसरत प्रान करहिं हठि बाधा ॥
बिरह अगिनि तनु तूल समीरा । स्वास जरइ छन माहिं सरीरा ॥
नयन स्त्रवहिं जलु निज हित लागी । जरैं न पाव देह बिरहागी ॥
सीता कै अति बिपति बिसाला । बिनहिं कहें भलि दीनदयाला ॥

दोहा:

निमिष निमिष करुनानिधि जाहिं कलप सम बीति ।
बेगि चलिय प्रभु आनिअ भुज बल खल दल जीति ॥३१॥

चौपाई:

सुनि सीता दुख प्रभु सुख अयना । भरि आए जल राजिव नयना ॥
बचन कायँ मन मम गति जाही । सपनेहुँ बूझिअ बिपति कि ताही ॥
कह हनुमंत बिपति प्रभु सोई । जब तव सुमिरन भजन न होई ॥
केतिक बात प्रभु जातुधान की । रिपुहि जीति आनिबी जानकी ॥
सुनु कपि तोहि समान उपकारी । नहिं कोउ सुर नर मुनि तनुधारी ॥
प्रति उपकार करौं का तोरा । सनमुख होइ न सकत मन मोरा ॥
सुनु सुत तोहि उरिन मैं नाहीं । देखेउँ करि बिचार मन माहीं ॥
पुनि पुनि कपिहि चितव सुरत्राता । लोचन नीर पुलक अति गाता ॥

दोहा:

सुनि प्रभु बचन बिलोकि मुख गात हरषि हनुमंत ।
चरन परेउ प्रेमाकुल त्राहि त्राहि भगवंत ॥३२॥

चौपाई:

बार बार प्रभु चहइ उठावा । प्रेम मगन तेहि उठब न भावा ॥
प्रभु कर पंकज कपि कें सीसा । सुमिरि सो दसा मगन गौरीसा ॥
सावधान मन करि पुनि संकर । लागे कहन कथा अति सुंदर ॥
कपि उठाइ प्रभु हृदयँ लगावा । कर गहि परम निकट बैठावा ॥
कहु कपि रावन पालित लंका । केहि बिधि दहेउ दुर्ग अति बंका ॥

प्रभु प्रसन्न जाना हनुमाना । बोला बचन बिगत अभिमाना ॥
साखामृग कै बड़ि मनुसाई । साखा तें साखा पर जाई ॥
नाघि सिंधु हाटकपुर जारा । निसिचर गन बधि बिपिन उजारा ॥
सो सब तव प्रताप रघुराई । नाथ न कछू मोरि प्रभुताई ॥

दोहा:

ता कहुँ प्रभु कछु अगम नहिं जा पर तुम्ह अनुकूल ।
तव प्रभावँ बड़वानलहि जारि सकइ खलु तूल ॥३३॥

चौपाई:

नाथ भगति अति सुखदायनी । देहु कृपा करि अनपायनी ॥
सुनि प्रभु परम सरल कपि बानी । एवमस्तु तब कहेउ भवानी ॥
उमा राम सुभाउ जेहिं जाना । ताहि भजनु तजि भाव न आना ॥
यह संबाद जासु उर आवा । रघुपति चरन भगति सोइ पावा ॥
सुनि प्रभु बचन कहहिं कपिबृंदा । जय जय जय कृपाल सुखकंदा ॥
तब रघुपति कपिपतिहि बोलावा । कहा चलैं कर करहु बनावा ॥
अब बिलंबु केहि कारन कीजे । तुरत कपिन्ह कहुँ आयसु दीजे ॥
कौतुक देखि सुमन बहु बरषी । नभ तें भवन चले सुर हरषी ॥

दोहा:

कपिपति बेगि बोलाए आए जूथप जूथ ।
नाना बरन अतुल बल बानर भालु बरूथ ॥३४॥

चौपाई:

प्रभु पद पंकज नावहिं सीसा । गर्जहिं भालु महाबल कीसा ॥
देखी राम सकल कपि सेना । चितइ कृपा करि राजिव नैना ॥
राम कृपा बल पाइ कपिंदा । भए पच्छजुत मनहुँ गिरिंदा ॥
हरषि राम तब कीन्ह पयाना । सगुन भए सुंदर सुभ नाना ॥
जासु सकल मंगलमय कीती । तासु पयान सगुन यह नीती ॥
प्रभु पयान जाना बैदेहीं । फरकि बाम अँग जनु कहि देहीं ॥
जोइ जोइ सगुन जानकिहि होई । असगुन भयउ रावनहि सोई ॥

चला कटकु को बरनैं पारा । गर्जहिं बानर भालु अपारा ॥
नख आयुध गिरि पादपधारी । चले गगन महि इच्छाचारी ॥
केहरिनाद भालु कपि करहीं । डगमगाहिं दिग्गज चिक्करहीं ॥

छँद:

चिक्करहिं दिग्गज डोल महि गिरि लोल सागर खरभरे ।
मन हरष सभ गंधर्ब सुर मुनि नाग किंनर दुख टरे ॥
कटकटहिं मर्कट बिकट भट बहु कोटि कोटिन्ह धावहीं ।
जय राम प्रबल प्रताप कोसलनाथ गुन गन गावहीं ॥ १ ॥

सहि सक न भार उदार अहिपति बार बारहिं मोहई ।
गह दसन पुनि पुनि कमठ पृष्ट कठोर सो किमि सोहई ॥
रघुबीर रुचिर प्रयान प्रस्थिति जानि परम सुहावनी ।
जनु कमठ खर्पर सर्पराज सो लिखत अबिचल पावनी ॥ २ ॥

दोहा:

एहि बिधि जाइ कृपानिधि उतरे सागर तीर ।
जहँ तहँ लागे खान फल भालु बिपुल कपि बीर ॥ ३५ ॥

चौपाई:

उहाँ निसाचर रहहिं ससंका । जब तें जारि गयउ कपि लंका ॥
निज निज गृहँ सब करहिं बिचारा । नहिं निसिचर कुल केर उबारा ॥
जासु दूत बल बरनि न जाई । तेहि आएँ पुर कवन भलाई ॥
दूतिन्ह सन सुनि पुरजन बानी । मंदोदरी अधिक अकुलानी ॥
रहसि जोरि कर पति पग लागी । बोली बचन नीति रस पागी ॥
कंत करष हरि सन परिहरहू । मोर कहा अति हित हियँ धरहू ॥
समुझत जासु दूत कइ करनी । स्त्रवहिं गर्भ रजनीचर धरनी ॥
तासु नारि निज सचिव बोलाई । पठवहु कंत जो चहहु भलाई ॥
तव कुल कमल बिपिन दुखदाई । सीता सीत निसा सम आई ॥
सुनहु नाथ सीता बिनु दीन्हें । हित न तुम्हार संभु अज कीन्हें ॥

दोहा:

राम बान अहि गन सरिस निकर निसाचर भेक ।
जब लगि ग्रसत न तब लगि जतनु करहु तजि टेक ॥३६॥

चौपाई:

श्रवन सुनी सठ ता करि बानी । बिहसा जगत बिदित अभिमानी ॥
सभय सुभाउ नारि कर साचा । मंगल महुँ भय मन अति काचा ॥
जौं आवइ मर्कट कटकाई । जिअहिं बिचारे निसिचर खाई ॥
कंपहिं लोकप जाकीं त्रासा । तासु नारि सभीत बड़ि हासा ॥
अस कहि बिहसि ताहि उर लाई । चलेउ सभाँ ममता अधिकाई ॥
मंदोदरी हृदयँ कर चिंता । भयउ कंत पर बिधि बिपरीता ॥
बैठेउ सभाँ खबरि असि पाई । सिंधु पार सेना सब आई ॥
बूझेसि सचिव उचित मत कहहू । ते सब हँसे मष्ट करि रहहू ॥
जितेहु सुरासुर तब श्रम नाहीं । नर बानर केहि लेखे माहीं ॥

दोहा:

सचिव बैद गुर तीनि जौं प्रिय बोलहिं भय आस ।
राज धर्म तन तीनि कर होइ बेगिहीं नास ॥३७॥

चौपाई:

सोइ रावन कहुँ बनी सहाई । अस्तुति करहिं सुनाइ सुनाई ॥
अवसर जानि बिभीषनु आवा । भ्राता चरन सीसु तेहिं नावा ॥
पुनि सिरु नाइ बैठ निज आसन । बोला बचन पाइ अनुसासन ॥
जौ कृपाल पूँछिहु मोहि बाता । मति अनुरुप कहउँ हित ताता ॥
जो आपन चाहै कल्याना । सुजसु सुमति सुभ गति सुख नाना ॥
सो परनारि लिलार गोसाईं । तजउ चउथि के चंद कि नाईं ॥
चौदह भुवन एक पति होई । भूतद्रोह तिष्टइ नहिं सोई ॥
गुन सागर नागर नर जोऊ । अलप लोभ भल कहइ न कोऊ ॥

दोहा:

काम क्रोध मद लोभ सब नाथ नरक के पंथ।
सब परिहरि रघुबीरहि भजहु भजहिं जेहि संत॥ ३८॥

चौपाई:

तात राम नहिं नर भूपाला। भुवनेस्वर कालहु कर काला॥
ब्रह्म अनामय अज भगवंता। ब्यापक अजित अनादि अनंता॥
गो द्विज धेनु देव हितकारी। कृपा सिंधु मानुष तनुधारी॥
जन रंजन भंजन खल ब्राता। बेद धर्म रच्छक सुनु भ्राता॥
ताहि बयरु तजि नाइअ माथा। प्रनतारति भंजन रघुनाथा॥
देहु नाथ प्रभु कहुँ बैदेही। भजहु राम बिनु हेतु सनेही॥
सरन गएँ प्रभु ताहु न त्यागा। बिस्व द्रोह कृत अघ जेहि लागा॥
जासु नाम त्रय ताप नसावन। सोइ प्रभु प्रगट समुझु जियँ रावन॥

दोहा:

बार बार पद लागउँ बिनय करउँ दससीस।
परिहरि मान मोह मद भजहु कोसलाधीस॥ ३९क॥

मुनि पुलस्ति निज सिष्य सन कहि पठई यह बात।
तुरत सो मैं प्रभु सन कही पाइ सुअवसरु तात॥ ३९ख॥

चौपाई:

माल्यवंत अति सचिव सयाना। तासु बचन सुनि अति सुख माना॥
तात अनुज तव नीति बिभूषन। सो उर धरहु जो कहत बिभीषन॥
रिपु उतकरष कहत सठ दोऊ। दूरि न करहु इहाँ हइ कोऊ॥
माल्यवंत गृह गयउ बहोरी। कहइ बिभीषनु पुनि कर जोरी॥
सुमति कुमति सब कें उर रहहीं। नाथ पुरान निगम अस कहहीं॥
जहाँ सुमति तहँ संपति नाना। जहाँ कुमति तहँ बिपति निदाना॥
तव उर कुमति बसी बिपरीता। हित अनहित मानहु रिपु प्रीता॥
कालराति निसिचर कुल केरी। तेहि सीता पर प्रीति घनेरी॥

दोहा:

तात चरन गहि मागउँ राखहु मोर दुलार ।
सीता देहु राम कहुँ अहित न होइ तुम्हार ॥४०॥

चौपाई:

बुध पुरान श्रुति संमत बानी । कही बिभीषन नीति बखानी ॥
सुनत दसानन उठा रिसाई । खल तोहि निकट मुत्यु अब आई ॥
जिअसि सदा सठ मोर जिआवा । रिपु कर पच्छ मूढ़ तोहि भावा ॥
कहसि न खल अस को जग माहीं । भुज बल जाहि जिता मैं नाहीं ॥
मम पुर बसि तपसिन्ह पर प्रीती । सठ मिलु जाइ तिन्हहि कहु नीती ॥
अस कहि कीन्हेसि चरन प्रहारा । अनुज गहे पद बारहिं बारा ॥
उमा संत कइ इहइ बड़ाई । मंद करत जो करइ भलाई ॥
तुम्ह पितु सरिस भलेहिं मोहि मारा । रामु भजें हित नाथ तुम्हारा ॥
सचिव संग लै नभ पथ गयऊ । सबहि सुनाइ कहत अस भयऊ ॥

दोहा:

रामु सत्यसंकल्प प्रभु सभा कालबस तोरि ।
मैं रघुबीर सरन अब जाउँ देहु जनि खोरि ॥४१॥

चौपाई:

अस कहि चला बिभीषनु जबहीं । आयूहीन भए सब तबहीं ॥
साधु अवग्या तुरत भवानी । कर कल्यान अखिल कै हानी ॥
रावन जबहिं बिभीषन त्यागा । भयउ बिभव बिनु तबहिं अभागा ॥
चलेउ हरषि रघुनायक पाहीं । करत मनोरथ बहु मन माहीं ॥
देखिहउँ जाइ चरन जलजाता । अरुन मृदुल सेवक सुखदाता ॥
जे पद परसि तरी रिषिनारी । दंडक कानन पावनकारी ॥
जे पद जनकसुताँ उर लाए । कपट कुरंग संग धर धाए ॥
हर उर सर सरोज पद जेई । अहोभाग्य मैं देखिहउँ तेई ॥

दोहा:

जिन्ह पायन्ह के पादुकन्हि भरतु रहे मन लाइ ।
ते पद आजु बिलोकिहउँ इन्ह नयनन्हि अब जाइ ॥४२॥

चौपाई:

एहि बिधि करत सप्रेम बिचारा । आयउ सपदि सिंधु एहिं पारा ॥
कपिन्ह बिभीषनु आवत देखा । जाना कोउ रिपु दूत बिसेषा ॥
ताहि राखि कपीस पहिं आए । समाचार सब ताहि सुनाए ॥
कह सुग्रीव सुनहु रघुराई । आवा मिलन दसानन भाई ॥
कह प्रभु सखा बूझिऐ काहा । कहइ कपीस सुनहु नरनाहा ॥
जानि न जाइ निसाचर माया । कामरूप केहि कारन आया ॥
भेद हमार लेन सठ आवा । राखिअ बाँधि मोहि अस भावा ॥
सखा नीति तुम्ह नीकि बिचारी । मम पन सरनागत भयहारी ॥
सुनि प्रभु बचन हरष हनुमाना । सरनागत बच्छल भगवाना ॥

दोहा:

सरनागत कहुँ जे तजहिं निज अनहित अनुमानि ।
ते नर पावँर पापमय तिन्हहि बिलोकत हानि ॥४३॥

चौपाई:

कोटि बिप्र बध लागहिं जाहू । आएँ सरन तजउँ नहिं ताहू ॥
सनमुख होइ जीव मोहि जबहीं । जन्म कोटि अघ नासहिं तबहीं ॥
पापवंत कर सहज सुभाऊ । भजनु मोर तेहि भाव न काऊ ॥
जौं पै दुष्टहदय सोइ होई । मोरें सनमुख आव कि सोई ॥
निर्मल मन जन सो मोहि पावा । मोहि कपट छल छिद्र न भावा ॥
भेद लेन पठवा दससीसा । तबहुँ न कछु भय हानि कपीसा ॥
जग महुँ सखा निसाचर जेते । लछिमनु हनइ निमिष महुँ तेते ॥
जौं सभीत आवा सरनाई । रखिहउँ ताहि प्रान की नाईं ॥

दोहा:

उभय भाँति तेहि आनहु हँसि कह कृपानिकेत ।
जय कृपाल कहि कपि चले अंगद हनू समेत ॥४४॥

चौपाई:

सादर तेहि आगें करि बानर । चले जहाँ रघुपति करुनाकर ॥
दूरिहि ते देखे द्वौ भ्राता । नयनानंद दान के दाता ॥
बहुरि राम छबिधाम बिलोकी । रहेउ ठटुकि एकटक पल रोकी ॥
भुज प्रलंब कंजारुन लोचन । स्यामल गात प्रनत भय मोचन ॥
सिंघ कंध आयत उर सोहा । आनन अमित मदन मन मोहा ॥
नयन नीर पुलकित अति गाता । मन धरि धीर कही मृदु बाता ॥
नाथ दसानन कर मैं भ्राता । निसिचर बंस जनम सुरत्राता ॥
सहज पापप्रिय तामस देहा । जथा उलूकहि तम पर नेहा ॥

दोहा:

श्रवन सुजसु सुनि आयउँ प्रभु भंजन भव भीर ।
त्राहि त्राहि आरति हरन सरन सुखद रघुबीर ॥४५॥

चौपाई:

अस कहि करत दंडवत देखा । तुरत उठे प्रभु हरष बिसेषा ॥
दीन बचन सुनि प्रभु मन भावा । भुज बिसाल गहि हृदयँ लगावा ॥
अनुज सहित मिलि ढिग बैठारी । बोले बचन भगत भयहारी ॥
कहु लंकेस सहित परिवारा । कुसल कुठाहर बास तुम्हारा ॥
खल मंडलीं बसहु दिनु राती । सखा धरम निबहइ केहि भाँती ॥
मैं जानउँ तुम्हारि सब रीती । अति नय निपुन न भाव अनीती ॥
बरु भल बास नरक कर ताता । दुष्ट संग जनि देइ बिधाता ॥
अब पद देखि कुसल रघुराया । जौं तुम्ह कीन्हि जानि जन दाया ॥

दोहा:

तब लगि कुसल न जीव कहुँ सपनेहुँ मन बिश्राम ।
जब लगि भजत न राम कहुँ सोक धाम तजि काम ॥४६॥

चौपाई:

तब लगि हृदयँ बसत खल नाना । लोभ मोह मच्छर मद माना ॥
जब लगि उर न बसत रघुनाथा । धरें चाप सायक कटि भाथा ॥
ममता तरुन तमी अँधिआरी । राग द्वेष उलूक सुखकारी ॥
तब लगि बसति जीव मन माहीं । जब लगि प्रभु प्रताप रबि नाहीं ॥
अब मैं कुसल मिटे भय भारे । देखि राम पद कमल तुम्हारे ॥
तुम्ह कृपाल जा पर अनुकूला । ताहि न ब्याप त्रिबिध भव सूला ॥
मैं निसिचर अति अधम सुभाऊ । सुभ आचरनु कीन्ह नहिं काऊ ॥
जासु रूप मुनि ध्यान न आवा । तेहिं प्रभु हरषि हृदयँ मोहि लावा ॥

दोहा:

अहोभाग्य मम अमित अति राम कृपा सुख पुंज ।
देखेउँ नयन बिरंचि सिव सेब्य जुगल पद कंज ॥४७॥

चौपाई:

सुनहु सखा निज कहउँ सुभाऊ । जान भुसुंडि संभु गिरिजाऊ ॥
जौं नर होइ चराचर द्रोही । आवे सभय सरन तकि मोही ॥
तजि मद मोह कपट छल नाना । करउँ सद्य तेहि साधु समाना ॥
जननी जनक बंधु सुत दारा । तनु धनु भवन सुहृद परिवारा ॥
सब कै ममता ताग बटोरी । मम पद मनहि बाँध बरि डोरी ॥
समदरसी इच्छा कछु नाहीं । हरष सोक भय नहिं मन माहीं ॥
अस सज्जन मम उर बस कैसें । लोभी हृदयँ बसइ धनु जैसें ॥
तुम्ह सारिखे संत प्रिय मोरें । धरउँ देह नहिं आन निहोरें ॥

दोहा:

सगुन उपासक परहित निरत नीति दृढ़ नेम ।
ते नर प्रान समान मम जिन्ह कें द्विज पद प्रेम ॥४८॥

चौपाई:

सुनु लंकेस सकल गुन तोरें । तातें तुम्ह अतिसय प्रिय मोरें ॥
राम बचन सुनि बानर जूथा । सकल कहहिं जय कृपा बरूथा ॥
सुनत बिभीषनु प्रभु कै बानी । नहिं अघात श्रवनामृत जानी ॥

पद अंबुज गहि बारहिं बारा । हृदयँ समात न प्रेमु अपारा ॥
सुनहु देव सचराचर स्वामी । प्रनतपाल उर अंतरजामी ॥
उर कछु प्रथम बासना रही । प्रभु पद प्रीति सरित सो बही ॥
अब कृपाल निज भगति पावनी । देहु सदा सिव मन भावनी ॥
एवमस्तु कहि प्रभु रनधीरा । मागा तुरत सिंधु कर नीरा ॥
जदपि सखा तव इच्छा नाहीं । मोर दरसु अमोघ जग माहीं ॥
अस कहि राम तिलक तेहि सारा । सुमन बृष्टि नभ भई अपारा ॥

दोहा:

रावन क्रोध अनल निज स्वास समीर प्रचंड ।
जरत बिभीषनु राखेउ दीन्हेउ राजु अखंड ॥४९क॥
जो संपति सिव रावनहि दीन्हि दिएँ दस माथ ।
सोइ संपदा बिभीषनहि सकुचि दीन्ह रघुनाथ ॥४९ख॥

चौपाई:

अस प्रभु छाड़ि भजहिं जे आना । ते नर पसु बिनु पूँछ बिषाना ॥
निज जन जानि ताहि अपनावा । प्रभु सुभाव कपि कुल मन भावा ॥
पुनि सर्बग्य सर्ब उर बासी । सर्बरूप सब रहित उदासी ॥
बोले बचन नीति प्रतिपालक । कारन मनुज दनुज कुल घालक ॥
सुनु कपीस लंकापति बीरा । केहि बिधि तरिअ जलधि गंभीरा ॥
संकुल मकर उरग झष जाती । अति अगाध दुस्तर सब भाँती ॥
कह लंकेस सुनहु रघुनायक । कोटि सिंधु सोषक तव सायक ॥
जद्यपि तदपि नीति असि गाई । बिनय करिअ सागर सन जाई ॥

दोहा:

प्रभु तुम्हार कुलगुर जलधि कहिहि उपाय बिचारि ।
बिनु प्रयास सागर तरिहि सकल भालु कपि धारि ॥५०॥

चौपाई:

सखा कही तुम्ह नीकि उपाई । करिअ दैव जौं होइ सहाई ॥
मंत्र न यह लछिमन मन भावा । राम बचन सुनि अति दुख पावा ॥

नाथ दैव कर कवन भरोसा। सोषिअ सिंधु करिअ मन रोसा॥
कादर मन कहुँ एक अधारा। दैव दैव आलसी पुकारा॥
सुनत बिहसि बोले रघुबीरा। ऐसेहिं करब धरहु मन धीरा॥
अस कहि प्रभु अनुजहि समुझाई। सिंधु समीप गए रघुराई॥
प्रथम प्रनाम कीन्ह सिरु नाई। बैठे पुनि तट दर्भ डसाई॥
जबहिं बिभीषन प्रभु पहिं आए। पाछें रावन दूत पठाए॥

दोहा:

सकल चरित तिन्ह देखे धरें कपट कपि देह।
प्रभु गुन हृदयँ सराहहिं सरनागत पर नेह॥५१॥

चौपाई:

प्रगट बखानहिं राम सुभाऊ। अति सप्रेम गा बिसरि दुराऊ॥
रिपु के दूत कपिन्ह तब जाने। सकल बाँधि कपीस पहिं आने॥
कह सुग्रीव सुनहु सब बानर। अंग भंग करि पठवहु निसिचर॥
सुनि सुग्रीव बचन कपि धाए। बाँधि कटक चहु पास फिराए॥
बहु प्रकार मारन कपि लागे। दीन पुकारत तदपि न त्यागे॥
जो हमार हर नासा काना। तेहि कोसलाधीस कै आना॥
सुनि लछिमन सब निकट बोलाए। दया लागि हँसि तुरत छोड़ाए॥
रावन कर दीजहु यह पाती। लछिमन बचन बाचु कुलघाती॥

दोहा:

कहेहु मुखागर मूढ़ सन मम संदेसु उदार।
सीता देइ मिलेहु न त आवा कालु तुम्हार॥५२॥

चौपाई:

तुरत नाइ लछिमन पद माथा। चले दूत बरनत गुन गाथा॥
कहत राम जसु लंकाँ आए। रावन चरन सीस तिन्ह नाए॥
बिहसि दसानन पूँछी बाता। कहसि न सुक आपनि कुसलाता॥
पुनि कहु खबरि बिभीषन केरी। जाहि मृत्यु आई अति नेरी॥
करत राज लंका सठ त्यागी। होइहि जव कर कीट अभागी॥

पुनि कहु भालु कीस कटकाई । कठिन काल प्रेरित चलि आई ॥
जिन्ह के जीवन कर रखवारा । भयउ मृदुल चित सिंधु बिचारा ॥
कहु तपसिन्ह कै बात बहोरी । जिन्ह के हृदयँ त्रास अति मोरी ॥

दोहा:

की भइ भेंट कि फिरि गए श्रवन सुजसु सुनि मोर ।
कहसि न रिपु दल तेज बल बहुत चकित चित तोर ॥५३॥

चौपाई:

नाथ कृपा करि पूँछेहु जैसें । मानहु कहा क्रोध तजि तैसें ॥
मिला जाइ जब अनुज तुम्हारा । जातहिं राम तिलक तेहि सारा ॥
रावन दूत हमहि सुनि काना । कपिन्ह बाँधि दीन्हे दुख नाना ॥
श्रवन नासिका काटैं लागे । राम सपथ दीन्हें हम त्यागे ॥
पूँछिहु नाथ राम कटकाई । बदन कोटि सत बरनि न जाई ॥
नाना बरन भालु कपि धारी । बिकटानन बिसाल भयकारी ॥
जेहिं पुर दहेउ हतेउ सुत तोरा । सकल कपिन्ह महँ तेहि बलु थोरा ॥
अमित नाम भट कठिन कराला । अमित नाग बल बिपुल बिसाला ॥

दोहा:

द्विबिद मयंद नील नल अंगद गद बिकटासि ।
दधिमुख केहरि निसठ सठ जामवंत बलरासि ॥५४॥

चौपाई:

ए कपि सब सुग्रीव समाना । इन्ह सम कोटिन्ह गनइ को नाना ॥
राम कृपाँ अतुलित बल तिन्हहीं । तृन समान त्रैलोकहि गनहीं ॥
अस मैं सुना श्रवन दसकंधर । पदुम अठारह जूथप बंदर ॥
नाथ कटक महँ सो कपि नाहीं । जो न तुम्हहि जीतै रन माहीं ॥
परम क्रोध मीजहिं सब हाथा । आयसु पै न देहिं रघुनाथा ॥
सोषहिं सिंधु सहित झष ब्याला । पूरहिं न त भरि कुधर बिसाला ॥
मर्दि गर्द मिलवहिं दससीसा । ऐसेइ बचन कहहिं सब कीसा ॥
गर्जहिं तर्जहिं सहज असंका । मानहुँ ग्रसन चहत हहिं लंका ॥

दोहा:

सहज सूर कपि भालु सब पुनि सिर पर प्रभु राम ।
रावन काल कोटि कहुँ जीति सकहिं संग्राम ॥५५॥

चौपाई:

राम तेज बल बुधि बिपुलाई । सेष सहस सत सकहिं न गाई ॥
सक सर एक सोषि सत सागर । तव भ्रातहि पूँछेउ नय नागर ॥
तासु बचन सुनि सागर पाहीं । मागत पंथ कृपा मन माहीं ॥
सुनत बचन बिहसा दससीसा । जौं असि मति सहाय कृत कीसा ॥
सहज भीरु कर बचन दृढ़ाई । सागर सन ठानी मचलाई ॥
मूढ़ मृषा का करसि बड़ाई । रिपु बल बुद्धि थाह मैं पाई ॥
सचिव सभीत बिभीषन जाकें । बिजय बिभूति कहाँ जग ताकें ॥
सुनि खल बचन दूत रिस बाढ़ी । समय बिचारि पत्रिका काढ़ी ॥
रामानुज दीन्ही यह पाती । नाथ बचाइ जुड़ावहु छाती ॥
बिहसि बाम कर लीन्ही रावन । सचिव बोलि सठ लाग बचावन ॥

दोहा:

बातन्ह मनहि रिझाइ सठ जनि घालसि कुल खीस ।
राम बिरोध न उबरसि सरन बिष्नु अज ईस ॥५६क॥
की तजि मान अनुज इव प्रभु पद पंकज भृंग ।
होहि कि राम सरानल खल कुल सहित पतंग ॥५६ख॥

चौपाई:

सुनत सभय मन मुख मुसुकाई । कहत दसानन सबहि सुनाई ॥
भूमि परा कर गहत अकासा । लघु तापस कर बाग बिलासा ॥
कह सुक नाथ सत्य सब बानी । समुझहु छाड़ि प्रकृति अभिमानी ॥
सुनहु बचन मम परिहरि क्रोधा । नाथ राम सन तजहु बिरोधा ॥
अति कोमल रघुबीर सुभाऊ । जद्यपि अखिल लोक कर राऊ ॥
मिलत कृपा तुम्ह पर प्रभु करिही । उर अपराध न एकउ धरिही ॥
जनकसुता रघुनाथहि दीजे । एतना कहा मोर प्रभु कीजे ॥

जब तेहिं कहा देन बैदेही । चरन प्रहार कीन्ह सठ तेही ॥
नाइ चरन सिरु चला सो तहाँ । कृपासिंधु रघुनायक जहाँ ॥
करि प्रनामु निज कथा सुनाई । राम कृपाँ आपनि गति पाई ॥
रिषि अगस्ति कीं साप भवानी । राछस भयउ रहा मुनि ग्यानी ॥
बंदि राम पद बारहिं बारा । मुनि निज आश्रम कहुँ पगु धारा ॥

दोहा:

बिनय न मानत जलधि जड़ गए तीनि दिन बीति ।
बोले राम सकोप तब भय बिनु होइ न प्रीति ॥५७॥

चौपाई:

लछिमन बान सरासन आनू । सोषौं बारिधि बिसिख कृसानू ॥
सठ सन बिनय कुटिल सन प्रीती । सहज कृपन सन सुंदर नीती ॥
ममता रत सन ग्यान कहानी । अति लोभी सन बिरति बखानी ॥
क्रोधिहि सम कामिहि हरि कथा । ऊसर बीज बएँ फल जथा ॥
अस कहि रघुपति चाप चढ़ावा । यह मत लछिमन के मन भावा ॥
संघानेउ प्रभु बिसिख कराला । उठी उदधि उर अंतर ज्वाला ॥
मकर उरग झष गन अकुलाने । जरत जंतु जलनिधि जब जाने ॥
कनक थार भरि मनि गन नाना । बिप्र रूप आयउ तजि माना ॥

दोहा:

काटेहिं पइ कदरी फरइ कोटि जतन कोउ सींच ।
बिनय न मान खगेस सुनु डाटेहिं पइ नव नीच ॥५८॥

चौपाई:

सभय सिंधु गहि पद प्रभु केरे । छमहु नाथ सब अवगुन मेरे ॥
गगन समीर अनल जल धरनी । इन्ह कइ नाथ सहज जड़ करनी ॥
तव प्रेरित मायाँ उपजाए । सृष्टि हेतु सब ग्रंथनि गाए ॥
प्रभु आयसु जेहि कहँ जस अहई । सो तेहि भाँति रहें सुख लहई ॥
प्रभु भल कीन्ह मोहि सिख दीन्ही । मरजादा पुनि तुम्हरी कीन्ही ॥
ढोल गवाँर सूद्र पसु नारी । सकल ताड़ना के अधिकारी ॥

प्रभु प्रताप मैं जाब सुखाई । उतरिहि कटकु न मोरि बड़ाई ॥
प्रभु अग्या अपेल श्रुति गाई । करौं सो बेगि जो तुम्हहि सोहाई ॥

दोहा:

सुनत बिनीत बचन अति कह कृपाल मुसुकाइ ।
जेहि बिधि उतरै कपि कटकु तात सो कहहु उपाइ ॥५९॥

चौपाई:

नाथ नील नल कपि द्वौ भाई । लरिकाईं रिषि आसिष पाई ॥
तिन्ह कें परस किएँ गिरि भारे । तरिहहिं जलधि प्रताप तुम्हारे ॥
मैं पुनि उर धरि प्रभु प्रभुताई । करिहउँ बल अनुमान सहाई ॥
एहि बिधि नाथ पयोधि बँधाइअ । जेहिं यह सुजसु लोक तिहुँ गाइअ ॥
एहिं सर मम उत्तर तट बासी । हतहु नाथ खल नर अघ रासी ॥
सुनि कृपाल सागर मन पीरा । तुरतहिं हरी राम रनधीरा ॥
देखि राम बल पौरुष भारी । हरषि पयोनिधि भयउ सुखारी ॥
सकल चरित कहि प्रभुहि सुनावा । चरन बंदि पाथोधि सिधावा ॥

छँद:

निज भवन गवनेउ सिंधु श्रीरघुपतिहि यह मत भायऊ ।
यह चरित कलि मलहर जथामति दास तुलसी गायऊ ॥
सुख भवन संसय समन दवन बिषाद रघुपति गुन गना ।
तजि सकल आस भरोस गावहि सुनहि संतत सठ मना ॥

दोहा:

सकल सुमंगल दायक रघुनायक गुन गान ।
सादर सुनहिं ते तरहिं भव सिंधु बिना जलजान ॥६०॥

~ॐ~

इति श्रीमद्रामचरितमानसे सकलकलिकलुषविध्वंसने
पञ्चमः सोपानः श्रीसुन्दरकाण्ड श्रीरामचरणार्पणमस्तु ॥

कायेन वाचा मनसेन्द्रियैर्वा बुद्ध्यात्मना वा प्रकृतेः स्वभावात् ।
करोमि यद्यत्सकलं परस्मै नारायणयेति समर्पयामि ॥

श्रीरामायण आरती

आरति श्रीरामायनजी की । कीरति कलित ललित सिय पी की ॥
गावत ब्रह्मादिक मुनि नारद । बालमीक बिग्यान बिसारद ॥
सुक सनकादि सेष अरु सारद । बरनि पवनसुत कीरति नीकी ॥१॥
गावत बेद पुरान अष्टदस । छओ सास्त्र सब ग्रंथन को रस ॥
मुनि जन धन संतन को सरबस । सार अंस संमत सबही की ॥२॥
गावत संतत संभु भवानी । अरु घटसंभव मुनि बिग्यानी ॥
ब्यास आदि कबिबर्ज बखानी । कागभुसुंडि गरुड के ही की ॥३॥
कलिमल हरनि बिषय रस फीकी । सुभग सिंगार मुक्ति जुबती की ॥
दलन रोग भव मूरि अमी की । तात मात सब बिधि तुलसी की ॥४॥

आरति श्रीरामायनजी की । कीरति कलित ललित सिय पी की ...

श्रीहनुमान आरती

आरती कीजै हनुमान लला की । दुष्ट-दलन रघुनाथ कला की ॥
जाके बल से गिरिवर काँपै । रोग दोष जाके निकट न झाँपै ॥
अंजनि-पुत्र महा बल दाई । संतन के प्रभु सदा सहाई ॥
दे बीरा रघुनाथ पठाये । लंका जारि सीय सुधि लाये ॥
लंका-सो कोट समुद्र-सी खाई । जात पवनसुत बार न लाई ॥
लंका जारि असुर संहारे । सियारामजी के काज सँवारे ॥
लछिमन मूर्छित पड़े सकारे । आनि सजीवन प्रान उबारे ॥
पैठी पताल तोरि जम-कारे । अहिरावन की भुजा उखारे ॥
बायें भुजा असुरदल मारे । दहिने भुजा संतजन तारे ॥
सुर नर मुनि आरती उतारे । जै जै जै हनुमान उचारे ॥
कंचन थार कपूर लौ छाई । आरति करत अंजना माई ॥
जो हनुमानजी की आरति गावै । बसि बैकुंठ परमपद पावै ॥

आरती कीजै हनुमान लला की । दुष्ट-दलन रघुनाथ कला की ...

श्रीराम-स्तुति

श्री रामचन्द्र कृपालु भजु मन हरण भवभय दारुणं ।
नवकंज-लोचन कंज-मुख कर-कंज पद कंजारुणं ॥
कंदर्प अगणित अमित छवि नवनील नीरद सुंदरं ।
पट पीत मानहु तड़ित रुचि शुचि नौमि जनक सुतावरं ॥
भजु दीनबंधु दिनेश दानव-दैत्य-वंश निकंदनं ।
रघुनंद आनँदकंद कोशलचंद दशरथ नंदनं ॥
सिर मुकुट कुंडल तिलक चारु उदारु अंग विभूषणं ।
आजानुभुज शर-चाप-धर संग्राम-जित-खरदूषणं ॥
इति वदति तुलसीदास शंकर-शेष-मुनि-मन-रंजनं ।
मम हृदय कंज निवास करु कामादि खल-दल-गंजनं ॥

श्री रामचन्द्र कृपालु भजु मन हरण भवभय दारुणं ...

श्रीहनुमान-स्तुति

मंगल-मूरति मारुत-नंदन । सकल-अमंगल-मूल-निकंदन ॥
पवन-तनय संतन-हितकारी । हृदय विराजत अवध बिहारी ॥
मातु-पिता गुरु गनपति सारद । सिवा-समेत संभु सुक-नारद ॥
चरन बंदि बिनवौं सब काहू । देहु रामपद-नेह-निबाहू ॥
बंदौं राम-लखन-बैदेही । जे तुलसी के परम सनेही ॥

मंगल-मूरति मारुत-नंदन ...

~ ॐ ~

सियावर रामचन्द्र की जय
पवनसुत हनुमान की जय
गोस्वामी तुलसीदास की जय

~ ॐ ~

— श्रीहनुमान चालीसा —

दोहा:

श्रीगुरु चरन सरोज रज निज मन मुकुर सुधारि ।
बरनऊँ रघुबर बिमल जस जो दायक फल चारि ॥
बुद्धि हीन तनु जानिकै सुमिरौं पवन कुमार ।
बल बुद्धि बिद्या देहु मोहि हरहु कलेश विकार ॥

चौपाई:

जय हनुमान ज्ञान गुण सागर । जय कपीश तिहुँ लोक उजागर ॥
राम दूत अतुलित बल धामा । अंजनिपुत्र पवनसुत नामा ॥
महाबीर बिक्रम बजरंगी । कुमति निवार सुमति के संगी ॥
कंचन बरन बिराज सुबेषा । कानन कुंडल कुंचित केशा ॥
हाथ बज्र और ध्वजा बिराजै । काँधे मूँज जनेऊ साजै ॥
शङ्कर स्वयं केशरीनंदन । तेज प्रताप महा जग बंदन ॥
विद्यावान गुणी अति चातुर । राम काज करिबे को आतुर ॥
प्रभु चरित्र सुनिबे को रसिया । राम लखन सीता मन बसिया ॥
सूक्ष्म रूप धरि सियहिं दिखावा । बिकट रूप धरि लंक जरावा ॥
भीम रूप धरि असुर सँहारे । रामचन्द्र के काज सँवारे ॥
लाय संजीवनि लखन जियाये । श्री रघुबीर हरषि उर लाये ॥
रघुपति कीन्ही बहुत बड़ाई । तुम मम प्रिय भरतहिं सम भाई ॥
सहस बदन तुम्हरो जस गावैं । अस कहि श्रीपति कंठ लगावैं ॥
सनकादिक ब्रह्मादि मुनीशा । नारद शारद सहित अहीशा ॥
जम कुबेर दिगपाल जहाँ ते । कबि कोबिद कहि सकै कहाँ ते ॥
तुम उपकार सुग्रीवहिं कीन्हा । राम मिलाय राज पद दीन्हा ॥
तुम्हरो मंत्र बिभीषन माना । लंकेश्वर भए सब जग जाना ॥
जुग सहस्त्र जोजन पर भानू । लील्यो ताहि मधुर फल जानू ॥

प्रभु मुद्रिका मेलि मुख माहीं । जलधि लाँघि गये अचरज नाहीं ॥
दुर्गम काज जगत के जेते । सुगम अनुग्रह तुम्हरे तेते ॥
राम दुआरे तुम रखवारे । होत न आज्ञा बिनु पैसारे ॥
सब सुख लहैं तुम्हारी शरना । तुम रक्षक काहू को डर ना ॥
आपन तेज सम्हारो आपै । तीनौं लोक हाँक ते काँपै ॥
भूत पिशाच निकट नहिं आवै । महाबीर जब नाम सुनावै ॥
नासै रोग हरै सब पीरा । जपत निरंतर हनुमत बीरा ॥
संकट ते हनुमान छुडावै । मन क्रम बचन ध्यान जो लावै ॥
सब पर राम तपस्वी राजा । तिन के काज सकल तुम साजा ॥
और मनोरथ जो कोउ लावै । तासु अमित जीवन फल पावै ॥
चारों जुग परताप तुम्हारा । है परसिद्ध जगत उजियारा ॥
साधु संत के तुम रखवारे । असुर निकंदन राम दुलारे ॥
अष्ट सिद्धि नव निधि के दाता । अस बर दीन्ह जानकी माता ॥
राम रसायन तुम्हरे पासा । सदा रहउ रघुपति के दासा ॥
तुम्हरे भजन राम को पावै । जनम जनम के दुख बिसरावै ॥
अंत काल रघुबर पुर जाई । जहाँ जन्म हरिभक्त कहाई ॥
और देवता चित्त न धरई । हनुमत सेइ सर्ब सुख करई ॥
संकट कटै मिटै सब पीरा । जो सुमिरै हनुमत बलबीरा ॥
जय जय जय हनुमान गोसाईं । कृपा करहु गुरु देव की नाईं ॥
यह शत बार पाठ कर जोई । छूटै बंदि महा सुख सोई ॥
जो यह पढ़ै हनुमान चालीसा । होय सिद्धि साखी गौरीसा ॥
तुलसीदास सदा हरि चेरा । कीजै नाथ हृदय महँ डेरा ॥

दोहा:

पवन तनय संकट हरन मंगल मूरति रूप ।
राम लखन सीता सहित हृदय बसहु सुर भूप ॥

ॐ ॐ ॐ ॐ ॐ ॐ ॐ ॐ ॐ ॐ ॐ
ॐ ॐ ॐ ॐ ॐ ॐ ॐ ॐ ॐ
ॐ ॐ ॐ ॐ ॐ ॐ ॐ
ॐ ॐ ॐ ॐ ॐ
ॐ ॐ ॐ
ॐ

अजर अमर गुननिधि सुत होहू । करहुँ बहुत रघुनायक छोहू ॥
जनकसुता जग जननि जानकी । अतिसय प्रिय करुना निधान की ॥

~ ॐ ~

स्तुतिः

~ ॐ ~

पार्थाय प्रतिबोधितां भगवता नारायणेन स्वयम्
व्यासेनग्रथितां पुराणमुनिना मध्ये महाभारते ।
अद्वैतामृतवर्षिणीं भगवतीमष्टादशाध्यायिनीम्
अम्ब त्वामनुसन्दधामि भगवद्गीते भवेद्वेषिणीम् ॥

~ ॐ ~

नमोऽस्तु ते व्यास विशालबुद्धे फुल्लारविन्दायतपत्रनेत्र ।
येन त्वया भारततैलपूर्णः प्रज्वालितो ज्ञानमयः प्रदीपः ॥

~ ॐ ~

प्रपन्नपारिजाताय तोत्रवेत्रैकपाणये ।
ज्ञानमुद्राय कृष्णाय गीतामृतदुहे नमः ॥

~ ॐ ~

सर्वोपनिषदो गावो दोग्धा गोपालनन्दनः ।
पार्थो वत्सः सुधीर्भोक्ता दुग्धं गीतामृतं महत् ॥

~ ॐ ~

वसुदेवसुतं देवं कंसचाणूरमर्दनम् ।
देवकीपरमानन्दं कृष्णं वन्दे जगद्गुरुम् ॥

~ ॐ ~

भीष्मद्रोणतटा जयद्रथजला गान्धारनीलोत्पला
शल्यग्राहवती कृपेण वहनी कर्णेन वेलाकुला ।
अश्वत्थामविकर्णघोरमकरा दुर्योधनावर्तिनी
सोत्तीर्णा खलु पाण्डवैरणनदी कैवर्तकः केशवः ॥

~ ॐ ~

पाराशर्यवचः सरोजममलं गीतार्थगन्धोत्कटं
नानाख्यानककेसरं हरिकथासम्बोधनाबोधितम् ।
लोके सज्जनषट्पदैरहरहः पेपीयमानं मुदा
भूयाद्भारतपङ्कजं कलिमलप्रध्वंसिनः श्रेयसे ॥

ॐ

श्रीमद्भगवद्गीता

प्रथमोऽध्यायः - अर्जुनविषादयोगः

धृतराष्ट्र उवाच--

धर्मक्षेत्रे कुरुक्षेत्रे समवेता युयुत्सवः ।
मामकाः पाण्डवाश्चैव किमकुर्वत सञ्जय ॥ १-१ ॥

सञ्जय उवाच --

दृष्ट्वा तु पाण्डवानीकं व्यूढं दुर्योधनस्तदा ।
आचार्यमुपसङ्गम्य राजा वचनमब्रवीत् ॥ १-२ ॥
पश्यैतां पाण्डुपुत्राणामाचार्य महतीं चमूम् ।
व्यूढां द्रुपदपुत्रेण तव शिष्येण धीमता ॥ १-३ ॥
अत्र शूरा महेष्वासा भीमार्जुनसमा युधि ।
युयुधानो विराटश्च द्रुपदश्च महारथः ॥ १-४ ॥
धृष्टकेतुश्चेकितानः काशिराजश्च वीर्यवान् ।
पुरुजित्कुन्तिभोजश्च शैब्यश्च नरपुङ्गवः ॥ १-५ ॥
युधामन्युश्च विक्रान्त उत्तमौजाश्च वीर्यवान् ।
सौभद्रो द्रौपदेयाश्च सर्व एव महारथाः ॥ १-६ ॥
अस्माकं तु विशिष्टा ये तान्निबोध द्विजोत्तम ।
नायका मम सैन्यस्य संज्ञार्थं तान्ब्रवीमि ते ॥ १-७ ॥
भवान्भीष्मश्च कर्णश्च कृपश्च समितिञ्जयः ।
अश्वत्थामा विकर्णश्च सौमदत्तिस्तथैव च ॥ १-८ ॥
अन्ये च बहवः शूरा मदर्थे त्यक्तजीविताः ।
नानाशस्त्रप्रहरणाः सर्वे युद्धविशारदाः ॥ १-९ ॥

अपर्याप्तं तदस्माकं बलं भीष्माभिरक्षितम् ।
पर्याप्तं त्विदमेतेषां बलं भीमाभिरक्षितम् ॥ १-१० ॥
अयनेषु च सर्वेषु यथाभागमवस्थिताः ।
भीष्ममेवाभिरक्षन्तु भवन्तः सर्व एव हि ॥ १-११ ॥
तस्य सञ्जनयन्हर्षं कुरुवृद्धः पितामहः ।
सिंहनादं विनद्योच्चैः शङ्खं दध्मौ प्रतापवान् ॥ १-१२ ॥
ततः शङ्खाश्च भेर्यश्च पणवानकगोमुखाः ।
सहसैवाभ्यहन्यन्त स शब्दस्तुमुलोऽभवत् ॥ १-१३ ॥
ततः श्वेतैर्हयैर्युक्ते महति स्यन्दने स्थितौ ।
माधवः पाण्डवश्चैव दिव्यौ शङ्खौ प्रदध्मतुः ॥ १-१४ ॥
पाञ्चजन्यं हृषीकेशो देवदत्तं धनञ्जयः ।
पौण्ड्रं दध्मौ महाशङ्खं भीमकर्मा वृकोदरः ॥ १-१५ ॥
अनन्तविजयं राजा कुन्तीपुत्रो युधिष्ठिरः ।
नकुलः सहदेवश्च सुघोषमणिपुष्पकौ ॥ १-१६ ॥
काश्यश्च परमेष्वासः शिखण्डी च महारथः ।
धृष्टद्युम्नो विराटश्च सात्यकिश्चापराजितः ॥ १-१७ ॥
द्रुपदो द्रौपदेयाश्च सर्वशः पृथिवीपते ।
सौभद्रश्च महाबाहुः शङ्खान्दध्मुः पृथक्पृथक् ॥ १-१८ ॥
स घोषो धार्तराष्ट्राणां हृदयानि व्यदारयत् ।
नभश्च पृथिवीं चैव तुमुलोऽभ्यनुनादयन् ॥ १-१९ ॥
अथ व्यवस्थितान्दृष्ट्वा धार्तराष्ट्रान् कपिध्वजः ।
प्रवृत्ते शस्त्रसम्पाते धनुरुद्यम्य पाण्डवः ॥ १-२० ॥
हृषीकेशं तदा वाक्यमिदमाह महीपते ।

अर्जुन उवाच --

सेनयोरुभयोर्मध्ये रथं स्थापय मेऽच्युत ॥ १-२१ ॥
यावदेतान्निरीक्षेऽहं योद्धुकामानवस्थितान् ।

कैर्मया सह योद्धव्यमस्मिन् रणसमुद्यमे ॥ १-२२ ॥
योत्स्यमानानवेक्षेऽहं य एतेऽत्र समागताः ।
धार्तराष्ट्रस्य दुर्बुद्धेर्युद्धे प्रियचिकीर्षवः ॥ १-२३ ॥

सञ्जय उवाच --

एवमुक्तो हृषीकेशो गुडाकेशेन भारत ।
सेनयोरुभयोर्मध्ये स्थापयित्वा रथोत्तमम् ॥ १-२४ ॥
भीष्मद्रोणप्रमुखतः सर्वेषां च महीक्षिताम् ।
उवाच पार्थ पश्यैतान्समवेतान्कुरूनिति ॥ १-२५ ॥
तत्रापश्यत्स्थितान्पार्थः पितॄनथ पितामहान् ।
आचार्यान्मातुलान्भ्रातॄन्पुत्रान्पौत्रान्सखींस्तथा ॥ १-२६ ॥
श्वशुरान्सुहृदश्चैव सेनयोरुभयोरपि ।
तान्समीक्ष्य स कौन्तेयः सर्वान्बन्धूनवस्थितान् ॥ १-२७ ॥
कृपया परयाविष्टो विषीदन्निदमब्रवीत् ।

अर्जुन उवाच --

दृष्ट्वेमं स्वजनं कृष्ण युयुत्सुं समुपस्थितम् ॥ १-२८ ॥
सीदन्ति मम गात्राणि मुखं च परिशुष्यति ।
वेपथुश्च शरीरे मे रोमहर्षश्च जायते ॥ १-२९ ॥
गाण्डीवं स्रंसते हस्तात्त्वक्चैव परिदह्यते ।
न च शक्नोम्यवस्थातुं भ्रमतीव च मे मनः ॥ १-३० ॥
निमित्तानि च पश्यामि विपरीतानि केशव ।
न च श्रेयोऽनुपश्यामि हत्वा स्वजनमाहवे ॥ १-३१ ॥
न काङ्क्षे विजयं कृष्ण न च राज्यं सुखानि च ।
किं नो राज्येन गोविन्द किं भोगैर्जीवितेन वा ॥ १-३२ ॥
येषामर्थे काङ्क्षितं नो राज्यं भोगाः सुखानि च ।
त इमेऽवस्थिता युद्धे प्राणांस्त्यक्त्वा धनानि च ॥ १-३३ ॥

आचार्याः पितरः पुत्रास्तथैव च पितामहाः ।
मातुलाः श्वशुराः पौत्राः श्यालाः सम्बन्धिनस्तथा ॥ १-३४ ॥
एतान्न हन्तुमिच्छामि घ्नतोऽपि मधुसूदन ।
अपि त्रैलोक्यराज्यस्य हेतोः किं नु महीकृते ॥ १-३५ ॥
निहत्य धार्तराष्ट्रान्नः का प्रीतिः स्याज्जनार्दन ।
पापमेवाश्रयेदस्मान्हत्वैतानाततायिनः ॥ १-३६ ॥
तस्मान्नार्हा वयं हन्तुं धार्तराष्ट्रान्स्वबान्धवान् ।
स्वजनं हि कथं हत्वा सुखिनः स्याम माधव ॥ १-३७ ॥
यद्यप्येते न पश्यन्ति लोभोपहतचेतसः ।
कुलक्षयकृतं दोषं मित्रद्रोहे च पातकम् ॥ १-३८ ॥
कथं न ज्ञेयमस्माभिः पापादस्मान्निवर्तितुम् ।
कुलक्षयकृतं दोषं प्रपश्यद्भिर्जनार्दन ॥ १-३९ ॥
कुलक्षये प्रणश्यन्ति कुलधर्माः सनातनाः ।
धर्मे नष्टे कुलं कृत्स्नमधर्मोऽभिभवत्युत ॥ १-४० ॥
अधर्माभिभवात्कृष्ण प्रदुष्यन्ति कुलस्त्रियः ।
स्त्रीषु दुष्टासु वार्ष्णेय जायते वर्णसङ्करः ॥ १-४१ ॥
सङ्करो नरकायैव कुलघ्नानां कुलस्य च ।
पतन्ति पितरो ह्येषां लुप्तपिण्डोदकक्रियाः ॥ १-४२ ॥
दोषैरेतैः कुलघ्नानां वर्णसङ्करकारकैः ।
उत्साद्यन्ते जातिधर्माः कुलधर्माश्च शाश्वताः ॥ १-४३ ॥
उत्सन्नकुलधर्माणां मनुष्याणां जनार्दन ।
नरके नियतं वासो भवतीत्यनुशुश्रुम ॥ १-४४ ॥
अहो बत महत्पापं कर्तुं व्यवसिता वयम् ।
यद्राज्यसुखलोभेन हन्तुं स्वजनमुद्यताः ॥ १-४५ ॥

यदि मामप्रतीकारमशस्त्रं शस्त्रपाणयः ।
धार्तराष्ट्रा रणे हन्युस्तन्मे क्षेमतरं भवेत् ॥ १-४६ ॥

सञ्जय उवाच --

एवमुक्त्वार्जुनः सङ्ख्ये रथोपस्थ उपाविशत् ।
विसृज्य सशरं चापं शोकसंविग्नमानसः ॥ १-४७ ॥

ॐ तत्सदिति श्रीमद्भगवद्गीतासूपनिषत्सु
ब्रह्मविद्यायां योगशास्त्रे श्रीकृष्णार्जुनसंवादे
अर्जुनविषादयोगो नाम प्रथमोऽध्यायः ॥

~ॐ~ॐ~ॐ~ॐ~ॐ~ॐ~ ॐ~ ॐ~ ॐ~
~ॐ~ॐ~ॐ~ॐ~ॐ~ॐ~ ॐ~
~ॐ~ॐ~ॐ~ॐ~ॐ~
~ॐ~ॐ~ॐ~
~ॐ~

द्वितीयोऽध्यायः - साङ्ख्ययोगः

सञ्जय उवाच --

तं तथा कृपयाविष्टमश्रुपूर्णाकुलेक्षणम् ।
विषीदन्तमिदं वाक्यमुवाच मधुसूदनः ॥ २-१ ॥

श्रीभगवानुवाच --

कुतस्त्वा कश्मलमिदं विषमे समुपस्थितम् ।
अनार्यजुष्टमस्वर्ग्यमकीर्तिकरमर्जुन ॥ २-२ ॥
क्लैब्यं मा स्म गमः पार्थ नैतत्त्वय्युपपद्यते ।
क्षुद्रं हृदयदौर्बल्यं त्यक्त्वोत्तिष्ठ परन्तप ॥ २-३ ॥

अर्जुन उवाच --

कथं भीष्ममहं सङ्ख्ये द्रोणं च मधुसूदन ।
इषुभिः प्रतियोत्स्यामि पूजार्हावरिसूदन ॥ २-४ ॥
गुरूनहत्वा हि महानुभावान् श्रेयो भोक्तुं भैक्ष्यमपीह लोके ।
हत्वार्थकामांस्तु गुरूनिहैव भुञ्जीय भोगान् रुधिरप्रदिग्धान् ॥ २-५ ॥

न चैतद्विद्मः कतरन्नो गरीयो यद्वा जयेम यदि वा नो जयेयुः ।
यानेव हत्वा न जिजीविषामस्तेऽवस्थिताः प्रमुखे धार्तराष्ट्राः ॥२-६॥
कार्पण्यदोषोपहतस्वभावः पृच्छामि त्वां धर्मसम्मूढचेताः ।
यच्छ्रेयः स्यान्निश्चितं ब्रूहि तन्मे
शिष्यस्तेऽहं शाधि मां त्वां प्रपन्नम् ॥२-७॥
न हि प्रपश्यामि ममापनुद्याद् यच्छोकमुच्छोषणमिन्द्रियाणाम् ।
अवाप्य भूमावसपत्नमृद्धं राज्यं सुराणामपि चाधिपत्यम् ॥२-८॥

सञ्जय उवाच --

एवमुक्त्वा हृषीकेशं गुडाकेशः परन्तप ।
न योत्स्य इति गोविन्दमुक्त्वा तूष्णीं बभूव ह ॥२-९॥
तमुवाच हृषीकेशः प्रहसन्निव भारत ।
सेनयोरुभयोर्मध्ये विषीदन्तमिदं वचः ॥२-१०॥

श्रीभगवानुवाच --

अशोच्यानन्वशोचस्त्वं प्रज्ञावादांश्च भाषसे ।
गतासूनगतासूंश्च नानुशोचन्ति पण्डिताः ॥२-११॥
न त्वेवाहं जातु नासं न त्वं नेमे जनाधिपाः ।
न चैव न भविष्यामः सर्वे वयमतः परम् ॥२-१२॥
देहिनोऽस्मिन्यथा देहे कौमारं यौवनं जरा ।
तथा देहान्तरप्राप्तिर्धीरस्तत्र न मुह्यति ॥२-१३॥
मात्रास्पर्शास्तु कौन्तेय शीतोष्णसुखदुःखदाः ।
आगमापायिनोऽनित्यास्तांस्तितिक्षस्व भारत ॥२-१४॥
यं हि न व्यथयन्त्येते पुरुषं पुरुषर्षभ ।
समदुःखसुखं धीरं सोऽमृतत्वाय कल्पते ॥२-१५॥
नासतो विद्यते भावो नाभावो विद्यते सतः ।
उभयोरपि दृष्टोऽन्तस्त्वनयोस्तत्त्वदर्शिभिः ॥२-१६॥

अविनाशि तु तद्विद्धि येन सर्वमिदं ततम् ।
विनाशमव्ययस्यास्य न कश्चित्कर्तुमर्हति ॥ २-१७ ॥
अन्तवन्त इमे देहा नित्यस्योक्ताः शरीरिणः ।
अनाशिनोऽप्रमेयस्य तस्माद्युध्यस्व भारत ॥ २-१८ ॥
य एनं वेत्ति हन्तारं यश्चैनं मन्यते हतम् ।
उभौ तौ न विजानीतो नायं हन्ति न हन्यते ॥ २-१९ ॥
न जायते म्रियते वा कदाचिन्नायं भूत्वा भविता वा न भूयः ।
अजो नित्यः शाश्वतोऽयं पुराणो न हन्यते हन्यमाने शरीरे ॥ २-२० ॥
वेदाविनाशिनं नित्यं य एनमजमव्ययम् ।
कथं स पुरुषः पार्थ कं घातयति हन्ति कम् ॥ २-२१ ॥
वासांसि जीर्णानि यथा विहाय नवानि गृह्णाति नरोऽपराणि ।
तथा शरीराणि विहाय जीर्णान्यन्यानि संयाति नवानि देही ॥ २-२२ ॥
नैनं छिन्दन्ति शस्त्राणि नैनं दहति पावकः ।
न चैनं क्लेदयन्त्यापो न शोषयति मारुतः ॥ २-२३ ॥
अच्छेद्योऽयमदाह्योऽयमक्लेद्योऽशोष्य एव च ।
नित्यः सर्वगतः स्थाणुरचलोऽयं सनातनः ॥ २-२४ ॥
अव्यक्तोऽयमचिन्त्योऽयमविकार्योऽयमुच्यते ।
तस्मादेवं विदित्वैनं नानुशोचितुमर्हसि ॥ २-२५ ॥
अथ चैनं नित्यजातं नित्यं वा मन्यसे मृतम् ।
तथापि त्वं महाबाहो नैवं शोचितुमर्हसि ॥ २-२६ ॥
जातस्य हि ध्रुवो मृत्युर्ध्रुवं जन्म मृतस्य च ।
तस्मादपरिहार्येऽर्थे न त्वं शोचितुमर्हसि ॥ २-२७ ॥
अव्यक्तादीनि भूतानि व्यक्तमध्यानि भारत ।
अव्यक्तनिधनान्येव तत्र का परिदेवना ॥ २-२८ ॥

आश्चर्यवत्पश्यति कश्चिदेनमाश्चर्यवद्वदति तथैव चान्यः ।
आश्चर्यवच्चैनमन्यः शृणोति श्रुत्वाप्येनं वेद न चैव कश्चित् ॥ २-२९ ॥
देही नित्यमवध्योऽयं देहे सर्वस्य भारत ।
तस्मात्सर्वाणि भूतानि न त्वं शोचितुमर्हसि ॥ २-३० ॥
स्वधर्ममपि चावेक्ष्य न विकम्पितुमर्हसि ।
धर्म्याद्धि युद्धाच्छ्रेयोऽन्यत्क्षत्रियस्य न विद्यते ॥ २-३१ ॥
यदृच्छया चोपपन्नं स्वर्गद्वारमपावृतम् ।
सुखिनः क्षत्रियाः पार्थ लभन्ते युद्धमीदृशम् ॥ २-३२ ॥
अथ चेत्त्वमिमं धर्म्यं सङ्ग्रामं न करिष्यसि ।
ततः स्वधर्मं कीर्तिं च हित्वा पापमवाप्स्यसि ॥ २-३३ ॥
अकीर्तिं चापि भूतानि कथयिष्यन्ति तेऽव्ययाम् ।
सम्भावितस्य चाकीर्तिर्मरणादतिरिच्यते ॥ २-३४ ॥
भयाद्रणादुपरतं मंस्यन्ते त्वां महारथाः ।
येषां च त्वं बहुमतो भूत्वा यास्यसि लाघवम् ॥ २-३५ ॥
अवाच्यवादांश्च बहून्वदिष्यन्ति तवाहिताः ।
निन्दन्तस्तव सामर्थ्यं ततो दुःखतरं नु किम् ॥ २-३६ ॥
हतो वा प्राप्स्यसि स्वर्गं जित्वा वा भोक्ष्यसे महीम् ।
तस्मादुत्तिष्ठ कौन्तेय युद्धाय कृतनिश्चयः ॥ २-३७ ॥
सुखदुःखे समे कृत्वा लाभालाभौ जयाजयौ ।
ततो युद्धाय युज्यस्व नैवं पापमवाप्स्यसि ॥ २-३८ ॥
एषा तेऽभिहिता साङ्ख्ये बुद्धिर्योगे त्विमां शृणु ।
बुद्ध्या युक्तो यया पार्थ कर्मबन्धं प्रहास्यसि ॥ २-३९ ॥
नेहाभिक्रमनाशोऽस्ति प्रत्यवायो न विद्यते ।
स्वल्पमप्यस्य धर्मस्य त्रायते महतो भयात् ॥ २-४० ॥

व्यवसायात्मिका बुद्धिरेकेह कुरुनन्दन ।
बहुशाखा ह्यनन्ताश्च बुद्धयोऽव्यवसायिनाम् ॥ २-४१ ॥
यामिमां पुष्पितां वाचं प्रवदन्त्यविपश्चितः ।
वेदवादरताः पार्थ नान्यदस्तीति वादिनः ॥ २-४२ ॥
कामात्मानः स्वर्गपरा जन्मकर्मफलप्रदाम् ।
क्रियाविशेषबहुलां भोगैश्वर्यगतिं प्रति ॥ २-४३ ॥
भोगैश्वर्यप्रसक्तानां तयापहृतचेतसाम् ।
व्यवसायात्मिका बुद्धिः समाधौ न विधीयते ॥ २-४४ ॥
त्रैगुण्यविषया वेदा निस्त्रैगुण्यो भवार्जुन ।
निर्द्वन्द्वो नित्यसत्त्वस्थो निर्योगक्षेम आत्मवान् ॥ २-४५ ॥
यावानर्थ उदपाने सर्वतः सम्प्लुतोदके ।
तावान्सर्वेषु वेदेषु ब्राह्मणस्य विजानतः ॥ २-४६ ॥
कर्मण्येवाधिकारस्ते मा फलेषु कदाचन ।
मा कर्मफलहेतुर्भूर्मा ते सङ्गोऽस्त्वकर्मणि ॥ २-४७ ॥
योगस्थः कुरु कर्माणि सङ्गं त्यक्त्वा धनञ्जय ।
सिद्ध्यसिद्ध्योः समो भूत्वा समत्वं योग उच्यते ॥ २-४८ ॥
दूरेण ह्यवरं कर्म बुद्धियोगाद्धनञ्जय ।
बुद्धौ शरणमन्विच्छ कृपणाः फलहेतवः ॥ २-४९ ॥
बुद्धियुक्तो जहातीह उभे सुकृतदुष्कृते ।
तस्माद्योगाय युज्यस्व योगः कर्मसु कौशलम् ॥ २-५० ॥
कर्मजं बुद्धियुक्ता हि फलं त्यक्त्वा मनीषिणः ।
जन्मबन्धविनिर्मुक्ताः पदं गच्छन्त्यनामयम् ॥ २-५१ ॥
यदा ते मोहकलिलं बुद्धिर्व्यतितरिष्यति ।
तदा गन्तासि निर्वेदं श्रोतव्यस्य श्रुतस्य च ॥ २-५२ ॥

श्रुतिविप्रतिपन्ना ते यदा स्थास्यति निश्चला ।
समाधावचला बुद्धिस्तदा योगमवाप्स्यसि ॥ २-५३ ॥

अर्जुन उवाच --

स्थितप्रज्ञस्य का भाषा समाधिस्थस्य केशव ।
स्थितधीः किं प्रभाषेत किमासीत व्रजेत किम् ॥ २-५४ ॥

श्रीभगवानुवाच --

प्रजहाति यदा कामान्सर्वान्पार्थ मनोगतान् ।
आत्मन्येवात्मना तुष्टः स्थितप्रज्ञस्तदोच्यते ॥ २-५५ ॥

दुःखेष्वनुद्विग्नमनाः सुखेषु विगतस्पृहः ।
वीतरागभयक्रोधः स्थितधीर्मुनिरुच्यते ॥ २-५६ ॥

यः सर्वत्रानभिस्नेहस्तत्तत्प्राप्य शुभाशुभम् ।
नाभिनन्दति न द्वेष्टि तस्य प्रज्ञा प्रतिष्ठिता ॥ २-५७ ॥

यदा संहरते चायं कूर्मोऽङ्गानीव सर्वशः ।
इन्द्रियाणीन्द्रियार्थेभ्यस्तस्य प्रज्ञा प्रतिष्ठिता ॥ २-५८ ॥

विषया विनिवर्तन्ते निराहारस्य देहिनः ।
रसवर्जं रसोऽप्यस्य परं दृष्ट्वा निवर्तते ॥ २-५९ ॥

यततो ह्यपि कौन्तेय पुरुषस्य विपश्चितः ।
इन्द्रियाणि प्रमाथीनि हरन्ति प्रसभं मनः ॥ २-६० ॥

तानि सर्वाणि संयम्य युक्त आसीत मत्परः ।
वशे हि यस्येन्द्रियाणि तस्य प्रज्ञा प्रतिष्ठिता ॥ २-६१ ॥

ध्यायतो विषयान्पुंसः सङ्गस्तेषूपजायते ।
सङ्गात्सञ्जायते कामः कामात्क्रोधोऽभिजायते ॥ २-६२ ॥

क्रोधाद्भवति सम्मोहः सम्मोहात्स्मृतिविभ्रमः ।
स्मृतिभ्रंशाद् बुद्धिनाशो बुद्धिनाशात्प्रणश्यति ॥ २-६३ ॥

रागद्वेषविमुक्तैस्तु विषयानिन्द्रियैश्चरन् ।
आत्मवश्यैर्विधेयात्मा प्रसादमधिगच्छति ॥ २-६४ ॥

प्रसादे सर्वदुःखानां हानिरस्योपजायते ।
प्रसन्नचेतसो ह्याशु बुद्धिः पर्यवतिष्ठते ॥२-६५॥
नास्ति बुद्धिरयुक्तस्य न चायुक्तस्य भावना ।
न चाभावयतः शान्तिरशान्तस्य कुतः सुखम् ॥२-६६॥
इन्द्रियाणां हि चरतां यन्मनोऽनुविधीयते ।
तदस्य हरति प्रज्ञां वायुर्नावमिवाम्भसि ॥२-६७॥
तस्माद्यस्य महाबाहो निगृहीतानि सर्वशः ।
इन्द्रियाणीन्द्रियार्थेभ्यस्तस्य प्रज्ञा प्रतिष्ठिता ॥२-६८॥
या निशा सर्वभूतानां तस्यां जागर्ति संयमी ।
यस्यां जाग्रति भूतानि सा निशा पश्यतो मुनेः ॥२-६९॥
आपूर्यमाणमचलप्रतिष्ठं समुद्रमापः प्रविशन्ति यद्वत् ।
तद्वत्कामा यं प्रविशन्ति सर्वे स शान्तिमाप्नोति न कामकामी ॥२-७०॥
विहाय कामान्यः सर्वान्पुमांश्चरति निःस्पृहः ।
निर्ममो निरहङ्कारः स शान्तिमधिगच्छति ॥२-७१॥
एषा ब्राह्मी स्थितिः पार्थ नैनां प्राप्य विमुह्यति ।
स्थित्वास्यामन्तकालेऽपि ब्रह्मनिर्वाणमृच्छति ॥२-७२॥

ॐ तत्सदिति श्रीमद्भगवद्गीतासूपनिषत्सु
ब्रह्मविद्यायां योगशास्त्रे श्रीकृष्णार्जुनसंवादे
साङ्ख्ययोगो नाम द्वितीयोऽध्यायः ॥

~ॐ~ॐ~ॐ~ॐ~ॐ~ॐ~ॐ~ॐ~ॐ~
~ॐ~ॐ~ॐ~ॐ~ॐ~ॐ~ॐ~
~ॐ~ॐ~ॐ~ॐ~ॐ~
~ॐ~ॐ~ॐ~
~ॐ~

तृतीयोऽध्यायः - कर्मयोगः

अर्जुन उवाच --
ज्यायसी चेत्कर्मणस्ते मता बुद्धिर्जनार्दन ।
तत्किं कर्मणि घोरे मां नियोजयसि केशव ॥३-१॥
व्यामिश्रेणेव वाक्येन बुद्धिं मोहयसीव मे ।
तदेकं वद निश्चित्य येन श्रेयोऽहमाप्नुयाम् ॥३-२॥

श्रीभगवानुवाच --
लोकेऽस्मिन्द्विविधा निष्ठा पुरा प्रोक्ता मयानघ ।
ज्ञानयोगेन साङ्ख्यानां कर्मयोगेन योगिनाम् ॥३-३॥
न कर्मणामनारम्भान्नैष्कर्म्यं पुरुषोऽश्नुते ।
न च संन्यसनादेव सिद्धिं समधिगच्छति ॥३-४॥
न हि कश्चित्क्षणमपि जातु तिष्ठत्यकर्मकृत् ।
कार्यते ह्यवशः कर्म सर्वः प्रकृतिजैर्गुणैः ॥३-५॥
कर्मेन्द्रियाणि संयम्य य आस्ते मनसा स्मरन् ।
इन्द्रियार्थान्विमूढात्मा मिथ्याचारः स उच्यते ॥३-६॥
यस्त्विन्द्रियाणि मनसा नियम्यारभतेऽर्जुन ।
कर्मेन्द्रियैः कर्मयोगमसक्तः स विशिष्यते ॥३-७॥
नियतं कुरु कर्म त्वं कर्म ज्यायो ह्यकर्मणः ।
शरीरयात्रापि च ते न प्रसिद्ध्येदकर्मणः ॥३-८॥
यज्ञार्थात्कर्मणोऽन्यत्र लोकोऽयं कर्मबन्धनः ।
तदर्थं कर्म कौन्तेय मुक्तसङ्गः समाचर ॥३-९॥
सहयज्ञाः प्रजाः सृष्ट्वा पुरोवाच प्रजापतिः ।
अनेन प्रसविष्यध्वमेष वोऽस्त्विष्टकामधुक् ॥३-१०॥
देवान्भावयतानेन ते देवा भावयन्तु वः ।
परस्परं भावयन्तः श्रेयः परमवाप्स्यथ ॥३-११॥

इष्टान्भोगान्हि वो देवा दास्यन्ते यज्ञभाविताः ।
तैर्दत्तानप्रदायैभ्यो यो भुङ्क्ते स्तेन एव सः ॥३-१२॥

यज्ञशिष्टाशिनः सन्तो मुच्यन्ते सर्वकिल्बिषैः ।
भुञ्जते ते त्वघं पापा ये पचन्त्यात्मकारणात् ॥३-१३॥

अन्नाद्भवन्ति भूतानि पर्जन्यादन्नसम्भवः ।
यज्ञाद्भवति पर्जन्यो यज्ञः कर्मसमुद्भवः ॥३-१४॥

कर्म ब्रह्मोद्भवं विद्धि ब्रह्माक्षरसमुद्भवम् ।
तस्मात्सर्वगतं ब्रह्म नित्यं यज्ञे प्रतिष्ठितम् ॥३-१५॥

एवं प्रवर्तितं चक्रं नानुवर्तयतीह यः ।
अघायुरिन्द्रियारामो मोघं पार्थ स जीवति ॥३-१६॥

यस्त्वात्मरतिरेव स्यादात्मतृप्तश्च मानवः ।
आत्मन्येव च सन्तुष्टस्तस्य कार्यं न विद्यते ॥३-१७॥

नैव तस्य कृतेनार्थो नाकृतेनेह कश्चन ।
न चास्य सर्वभूतेषु कश्चिदर्थव्यपाश्रयः ॥३-१८॥

तस्मादसक्तः सततं कार्यं कर्म समाचर ।
असक्तो ह्याचरन्कर्म परमाप्नोति पूरुषः ॥३-१९॥

कर्मणैव हि संसिद्धिमास्थिता जनकादयः ।
लोकसङ्ग्रहमेवापि सम्पश्यन्कर्तुमर्हसि ॥३-२०॥

यद्यदाचरति श्रेष्ठस्तत्तदेवेतरो जनः ।
स यत्प्रमाणं कुरुते लोकस्तदनुवर्तते ॥३-२१॥

न मे पार्थास्ति कर्तव्यं त्रिषु लोकेषु किञ्चन ।
नानवाप्तमवाप्तव्यं वर्त एव च कर्मणि ॥३-२२॥

यदि ह्यहं न वर्तेयं जातु कर्मण्यतन्द्रितः ।
मम वर्त्मानुवर्तन्ते मनुष्याः पार्थ सर्वशः ॥३-२३॥

उत्सीदेयुरिमे लोका न कुर्यां कर्म चेदहम् ।
सङ्करस्य च कर्ता स्यामुपहन्यामिमाः प्रजाः ॥३-२४॥
सक्ताः कर्मण्यविद्वांसो यथा कुर्वन्ति भारत ।
कुर्याद्विद्वांस्तथासक्तश्चिकीर्षुर्लोकसङ्ग्रहम् ॥३-२५॥
न बुद्धिभेदं जनयेदज्ञानां कर्मसङ्गिनाम् ।
जोषयेत्सर्वकर्माणि विद्वान्युक्तः समाचरन् ॥३-२६॥
प्रकृतेः क्रियमाणानि गुणैः कर्माणि सर्वशः ।
अहङ्कारविमूढात्मा कर्ताहमिति मन्यते ॥३-२७॥
तत्त्ववित्तु महाबाहो गुणकर्मविभागयोः ।
गुणा गुणेषु वर्तन्त इति मत्वा न सज्जते ॥३-२८॥
प्रकृतेर्गुणसम्मूढाः सज्जन्ते गुणकर्मसु ।
तानकृत्स्नविदो मन्दान्कृत्स्नविन्न विचालयेत् ॥३-२९॥
मयि सर्वाणि कर्माणि संन्यस्याध्यात्मचेतसा ।
निराशीर्निर्ममो भूत्वा युध्यस्व विगतज्वरः ॥३-३०॥
ये मे मतमिदं नित्यमनुतिष्ठन्ति मानवाः ।
श्रद्धावन्तोऽनसूयन्तो मुच्यन्ते तेऽपि कर्मभिः ॥३-३१॥
ये त्वेतदभ्यसूयन्तो नानुतिष्ठन्ति मे मतम् ।
सर्वज्ञानविमूढांस्तान्विद्धि नष्टानचेतसः ॥३-३२॥
सदृशं चेष्टते स्वस्याः प्रकृतेर्ज्ञानवानपि ।
प्रकृतिं यान्ति भूतानि निग्रहः किं करिष्यति ॥३-३३॥
इन्द्रियस्येन्द्रियस्यार्थे रागद्वेषौ व्यवस्थितौ ।
तयोर्न वशमागच्छेत्तौ ह्यस्य परिपन्थिनौ ॥३-३४॥
श्रेयान्स्वधर्मो विगुणः परधर्मात्स्वनुष्ठितात् ।
स्वधर्मे निधनं श्रेयः परधर्मो भयावहः ॥३-३५॥

अर्जुन उवाच --

अथ केन प्रयुक्तोऽयं पापं चरति पूरुषः ।

अनिच्छन्नपि वार्ष्णेय बलादिव नियोजितः ॥ ३-३६ ॥

श्रीभगवानुवाच --

काम एष क्रोध एष रजोगुणसमुद्भवः ।

महाशनो महापाप्मा विद्ध्येनमिह वैरिणम् ॥ ३-३७ ॥

धूमेनाव्रियते वह्निर्यथादर्शो मलेन च ।

यथोल्बेनावृतो गर्भस्तथा तेनेदमावृतम् ॥ ३-३८ ॥

आवृतं ज्ञानमेतेन ज्ञानिनो नित्यवैरिणा ।

कामरूपेण कौन्तेय दुष्पूरेणानलेन च ॥ ३-३९ ॥

इन्द्रियाणि मनो बुद्धिरस्याधिष्ठानमुच्यते ।

एतैर्विमोहयत्येष ज्ञानमावृत्य देहिनम् ॥ ३-४० ॥

तस्मात्त्वमिन्द्रियाण्यादौ नियम्य भरतर्षभ ।

पाप्मानं प्रजहि ह्येनं ज्ञानविज्ञाननाशनम् ॥ ३-४१ ॥

इन्द्रियाणि पराण्याहुरिन्द्रियेभ्यः परं मनः ।

मनसस्तु परा बुद्धिर्यो बुद्धेः परतस्तु सः ॥ ३-४२ ॥

एवं बुद्धेः परं बुद्ध्वा संस्तभ्यात्मानमात्मना ।

जहि शत्रुं महाबाहो कामरूपं दुरासदम् ॥ ३-४३ ॥

ॐ तत्सदिति श्रीमद्भगवद्गीतासूपनिषत्सु
ब्रह्मविद्यायां योगशास्त्रे श्रीकृष्णार्जुनसंवादे
कर्मयोगो नाम तृतीयोऽध्यायः ॥

~ॐ~ॐ~ॐ~ॐ~ॐ~ॐ~ ॐ~ ॐ~ ॐ~

~ॐ~ॐ~ॐ~ॐ~ॐ~ॐ~ ॐ~

~ॐ~ॐ~ॐ~ॐ~ॐ~

~ॐ~ॐ~ॐ~

~ॐ~

चतुर्थोऽध्यायः - ज्ञानकर्मसंन्यासयोगः

श्रीभगवानुवाच --
इमं विवस्वते योगं प्रोक्तवानहमव्ययम् ।
विवस्वान्मनवे प्राह मनुरिक्ष्वाकवेऽब्रवीत् ॥४-१॥
एवं परम्पराप्राप्तमिमं राजर्षयो विदुः ।
स कालेनेह महता योगो नष्टः परन्तप ॥४-२॥
स एवायं मया तेऽद्य योगः प्रोक्तः पुरातनः ।
भक्तोऽसि मे सखा चेति रहस्यं ह्येतदुत्तमम् ॥४-३॥

अर्जुन उवाच --
अपरं भवतो जन्म परं जन्म विवस्वतः ।
कथमेतद्विजानीयां त्वमादौ प्रोक्तवानिति ॥४-४॥

श्रीभगवानुवाच --
बहूनि मे व्यतीतानि जन्मानि तव चार्जुन ।
तान्यहं वेद सर्वाणि न त्वं वेत्थ परन्तप ॥४-५॥
अजोऽपि सन्नव्ययात्मा भूतानामीश्वरोऽपि सन् ।
प्रकृतिं स्वामधिष्ठाय सम्भवाम्यात्ममायया ॥४-६॥
यदा यदा हि धर्मस्य ग्लानिर्भवति भारत ।
अभ्युत्थानमधर्मस्य तदात्मानं सृजाम्यहम् ॥४-७॥
परित्राणाय साधूनां विनाशाय च दुष्कृताम् ।
धर्मसंस्थापनार्थाय सम्भवामि युगे युगे ॥४-८॥
जन्म कर्म च मे दिव्यमेवं यो वेत्ति तत्त्वतः ।
त्यक्त्वा देहं पुनर्जन्म नैति मामेति सोऽर्जुन ॥४-९॥
वीतरागभयक्रोधा मन्मया मामुपाश्रिताः ।
बहवो ज्ञानतपसा पूता मद्भावमागताः ॥४-१०॥

ये यथा मां प्रपद्यन्ते तांस्तथैव भजाम्यहम् ।
मम वर्त्मानुवर्तन्ते मनुष्याः पार्थ सर्वशः ॥४-११॥
काङ्क्षन्तः कर्मणां सिद्धिं यजन्त इह देवताः ।
क्षिप्रं हि मानुषे लोके सिद्धिर्भवति कर्मजा ॥४-१२॥
चातुर्वर्ण्यं मया सृष्टं गुणकर्मविभागशः ।
तस्य कर्तारमपि मां विद्ध्यकर्तारमव्ययम् ॥४-१३॥
न मां कर्माणि लिम्पन्ति न मे कर्मफले स्पृहा ।
इति मां योऽभिजानाति कर्मभिर्न स बध्यते ॥४-१४॥
एवं ज्ञात्वा कृतं कर्म पूर्वैरपि मुमुक्षुभिः ।
कुरु कर्मैव तस्मात्त्वं पूर्वैः पूर्वतरं कृतम् ॥४-१५॥
किं कर्म किमकर्मेति कवयोऽप्यत्र मोहिताः ।
तत्ते कर्म प्रवक्ष्यामि यज्ज्ञात्वा मोक्ष्यसेऽशुभात् ॥४-१६॥
कर्मणो ह्यपि बोद्धव्यं बोद्धव्यं च विकर्मणः ।
अकर्मणश्च बोद्धव्यं गहना कर्मणो गतिः ॥४-१७॥
कर्मण्यकर्म यः पश्येदकर्मणि च कर्म यः ।
स बुद्धिमान्मनुष्येषु स युक्तः कृत्स्नकर्मकृत् ॥४-१८॥
यस्य सर्वे समारम्भाः कामसङ्कल्पवर्जिताः ।
ज्ञानाग्निदग्धकर्माणं तमाहुः पण्डितं बुधाः ॥४-१९॥
त्यक्त्वा कर्मफलासङ्गं नित्यतृप्तो निराश्रयः ।
कर्मण्यभिप्रवृत्तोऽपि नैव किञ्चित्करोति सः ॥४-२०॥
निराशीर्यतचित्तात्मा त्यक्तसर्वपरिग्रहः ।
शारीरं केवलं कर्म कुर्वन्नाप्नोति किल्बिषम् ॥४-२१॥
यदृच्छालाभसन्तुष्टो द्वन्द्वातीतो विमत्सरः ।
समः सिद्धावसिद्धौ च कृत्वापि न निबध्यते ॥४-२२॥

गतसङ्गस्य मुक्तस्य ज्ञानावस्थितचेतसः ।
यज्ञायाचरतः कर्म समग्रं प्रविलीयते ॥४-२३॥
ब्रह्मार्पणं ब्रह्म हविर्ब्रह्माग्नौ ब्रह्मणा हुतम् ।
ब्रह्मैव तेन गन्तव्यं ब्रह्मकर्मसमाधिना ॥४-२४॥
दैवमेवापरे यज्ञं योगिनः पर्युपासते ।
ब्रह्माग्नावपरे यज्ञं यज्ञेनैवोपजुह्वति ॥४-२५॥
श्रोत्रादीनीन्द्रियाण्यन्ये संयमाग्निषु जुह्वति ।
शब्दादीन्विषयानन्य इन्द्रियाग्निषु जुह्वति ॥४-२६॥
सर्वाणीन्द्रियकर्माणि प्राणकर्माणि चापरे ।
आत्मसंयमयोगाग्नौ जुह्वति ज्ञानदीपिते ॥४-२७॥
द्रव्ययज्ञास्तपोयज्ञा योगयज्ञास्तथापरे ।
स्वाध्यायज्ञानयज्ञाश्च यतयः संशितव्रताः ॥४-२८॥
अपाने जुह्वति प्राणं प्राणेऽपानं तथापरे ।
प्राणापानगती रुद्ध्वा प्राणायामपरायणाः ॥४-२९॥
अपरे नियताहाराः प्राणान्प्राणेषु जुह्वति ।
सर्वेऽप्येते यज्ञविदो यज्ञक्षपितकल्मषाः ॥४-३०॥
यज्ञशिष्टामृतभुजो यान्ति ब्रह्म सनातनम् ।
नायं लोकोऽस्त्ययज्ञस्य कुतोऽन्यः कुरुसत्तम ॥४-३१॥
एवं बहुविधा यज्ञा वितता ब्रह्मणो मुखे ।
कर्मजान्विद्धि तान्सर्वानेवं ज्ञात्वा विमोक्ष्यसे ॥४-३२॥
श्रेयान्द्रव्यमयाद्यज्ञाज्ज्ञानयज्ञः परन्तप ।
सर्वं कर्माखिलं पार्थ ज्ञाने परिसमाप्यते ॥४-३३॥
तद्विद्धि प्रणिपातेन परिप्रश्नेन सेवया ।
उपदेक्ष्यन्ति ते ज्ञानं ज्ञानिनस्तत्त्वदर्शिनः ॥४-३४॥

यज्ज्ञात्वा न पुनर्मोहमेवं यास्यसि पाण्डव ।
येन भूतान्यशेषेण द्रक्ष्यस्यात्मन्यथो मयि ॥४-३५॥
अपि चेदसि पापेभ्यः सर्वेभ्यः पापकृत्तमः ।
सर्वं ज्ञानप्लवेनैव वृजिनं सन्तरिष्यसि ॥४-३६॥
यथैधांसि समिद्धोऽग्निर्भस्मसात्कुरुतेऽर्जुन ।
ज्ञानाग्निः सर्वकर्माणि भस्मसात्कुरुते तथा ॥४-३७॥
न हि ज्ञानेन सदृशं पवित्रमिह विद्यते ।
तत्स्वयं योगसंसिद्धः कालेनात्मनि विन्दति ॥४-३८॥
श्रद्धावाँल्लभते ज्ञानं तत्परः संयतेन्द्रियः ।
ज्ञानं लब्ध्वा परां शान्तिमचिरेणाधिगच्छति ॥४-३९॥
अज्ञश्चाश्रद्दधानश्च संशयात्मा विनश्यति ।
नायं लोकोऽस्ति न परो न सुखं संशयात्मनः ॥४-४०॥
योगसंन्यस्तकर्माणं ज्ञानसञ्छिन्नसंशयम् ।
आत्मवन्तं न कर्माणि निबध्नन्ति धनञ्जय ॥४-४१॥
तस्मादज्ञानसम्भूतं हृत्स्थं ज्ञानासिनात्मनः ।
छित्त्वैनं संशयं योगमातिष्ठोत्तिष्ठ भारत ॥४-४२॥

ॐ तत्सदिति श्रीमद्भगवद्गीतासूपनिषत्सु
ब्रह्मविद्यायां योगशास्त्रे श्रीकृष्णार्जुनसंवादे
ज्ञानकर्मसंन्यासयोगो नाम चतुर्थोऽध्यायः ॥

~ॐ~ॐ~ॐ~ॐ~ॐ~ॐ~ ॐ~ ॐ~ ॐ~
~ॐ~ॐ~ॐ~ॐ~ॐ~ॐ~ ॐ~
~ॐ~ॐ~ॐ~ॐ~ॐ~
~ॐ~ॐ~ॐ~
~ॐ~

पञ्चमोऽध्यायः - संन्यासयोगः

अर्जुन उवाच --
संन्यासं कर्मणां कृष्ण पुनर्योगं च शंससि ।
यच्छ्रेय एतयोरेकं तन्मे ब्रूहि सुनिश्चितम् ॥ ५-१ ॥

श्रीभगवानुवाच --
संन्यासः कर्मयोगश्च निःश्रेयसकरावुभौ ।
तयोस्तु कर्मसंन्यासात्कर्मयोगो विशिष्यते ॥ ५-२ ॥

ज्ञेयः स नित्यसंन्यासी यो न द्वेष्टि न काङ्क्षति ।
निर्द्वन्द्वो हि महाबाहो सुखं बन्धात्प्रमुच्यते ॥ ५-३ ॥

साङ्ख्ययोगौ पृथग्बालाः प्रवदन्ति न पण्डिताः ।
एकमप्यास्थितः सम्यगुभयोर्विन्दते फलम् ॥ ५-४ ॥

यत्साङ्ख्यैः प्राप्यते स्थानं तद्योगैरपि गम्यते ।
एकं साङ्ख्यं च योगं च यः पश्यति स पश्यति ॥ ५-५ ॥

संन्यासस्तु महाबाहो दुःखमाप्तुमयोगतः ।
योगयुक्तो मुनिर्ब्रह्म नचिरेणाधिगच्छति ॥ ५-६ ॥

योगयुक्तो विशुद्धात्मा विजितात्मा जितेन्द्रियः ।
सर्वभूतात्मभूतात्मा कुर्वन्नपि न लिप्यते ॥ ५-७ ॥

नैव किञ्चित्करोमीति युक्तो मन्येत तत्त्ववित् ।
पश्यञ्श‍ृण्वन्स्पृशञ्जिघ्रन्नश्नन्गच्छन्स्वपञ्श्वसन् ॥ ५-८ ॥

प्रलपन्विसृजन्गृह्णन्नुन्मिषन्निमिषन्नपि ।
इन्द्रियाणीन्द्रियार्थेषु वर्तन्त इति धारयन् ॥ ५-९ ॥

ब्रह्मण्याधाय कर्माणि सङ्गं त्यक्त्वा करोति यः ।
लिप्यते न स पापेन पद्मपत्रमिवाम्भसा ॥ ५-१० ॥

कायेन मनसा बुद्ध्या केवलैरिन्द्रियैरपि ।
योगिनः कर्म कुर्वन्ति सङ्गं त्यक्त्वात्मशुद्धये ॥ ५-११ ॥

युक्तः कर्मफलं त्यक्त्वा शान्तिमाप्नोति नैष्ठिकीम् ।
अयुक्तः कामकारेण फले सक्तो निबध्यते ॥५-१२॥
सर्वकर्माणि मनसा संन्यस्यास्ते सुखं वशी ।
नवद्वारे पुरे देही नैव कुर्वन्न कारयन् ॥५-१३॥
न कर्तृत्वं न कर्माणि लोकस्य सृजति प्रभुः ।
न कर्मफलसंयोगं स्वभावस्तु प्रवर्तते ॥५-१४॥
नादत्ते कस्यचित्पापं न चैव सुकृतं विभुः ।
अज्ञानेनावृतं ज्ञानं तेन मुह्यन्ति जन्तवः ॥५-१५॥
ज्ञानेन तु तदज्ञानं येषां नाशितमात्मनः ।
तेषामादित्यवज्ज्ञानं प्रकाशयति तत्परम् ॥५-१६॥
तद्बुद्धयस्तदात्मानस्तन्निष्ठास्तत्परायणाः ।
गच्छन्त्यपुनरावृत्तिं ज्ञाननिर्धूतकल्मषाः ॥५-१७॥
विद्याविनयसम्पन्ने ब्राह्मणे गवि हस्तिनि ।
शुनि चैव श्वपाके च पण्डिताः समदर्शिनः ॥५-१८॥
इहैव तैर्जितः सर्गो येषां साम्ये स्थितं मनः ।
निर्दोषं हि समं ब्रह्म तस्माद्ब्रह्मणि ते स्थिताः ॥५-१९॥
न प्रहृष्येत्प्रियं प्राप्य नोद्विजेत्प्राप्य चाप्रियम् ।
स्थिरबुद्धिरसम्मूढो ब्रह्मविद्ब्रह्मणि स्थितः ॥५-२०॥
बाह्यस्पर्शेष्वसक्तात्मा विन्दत्यात्मनि यत्सुखम् ।
स ब्रह्मयोगयुक्तात्मा सुखमक्षयमश्नुते ॥५-२१॥
ये हि संस्पर्शजा भोगा दुःखयोनय एव ते ।
आद्यन्तवन्तः कौन्तेय न तेषु रमते बुधः ॥५-२२॥
शक्नोतीहैव यः सोढुं प्राक्शरीरविमोक्षणात् ।
कामक्रोधोद्भवं वेगं स युक्तः स सुखी नरः ॥५-२३॥

योऽन्तःसुखोऽन्तरारामस्तथान्तर्ज्योतिरेव यः ।
स योगी ब्रह्मनिर्वाणं ब्रह्मभूतोऽधिगच्छति ॥५-२४॥
लभन्ते ब्रह्मनिर्वाणमृषयः क्षीणकल्मषाः ।
छिन्नद्वैधा यतात्मानः सर्वभूतहिते रताः ॥५-२५॥
कामक्रोधवियुक्तानां यतीनां यतचेतसाम् ।
अभितो ब्रह्मनिर्वाणं वर्तते विदितात्मनाम् ॥५-२६॥
स्पर्शान्कृत्वा बहिर्बाह्यांश्चक्षुश्चैवान्तरे भ्रुवोः ।
प्राणापानौ समौ कृत्वा नासाभ्यन्तरचारिणौ ॥५-२७॥
यतेन्द्रियमनोबुद्धिर्मुनिर्मोक्षपरायणः ।
विगतेच्छाभयक्रोधो यः सदा मुक्त एव सः ॥५-२८॥
भोक्तारं यज्ञतपसां सर्वलोकमहेश्वरम् ।
सुहृदं सर्वभूतानां ज्ञात्वा मां शान्तिमृच्छति ॥५-२९॥

ॐ तत्सदिति श्रीमद्भगवद्गीतासूपनिषत्सु
ब्रह्मविद्यायां योगशास्त्रे श्रीकृष्णार्जुनसंवादे
संन्यासयोगो नाम पञ्चमोऽध्यायः ॥

~ॐ~ॐ~ॐ~ॐ~ॐ~ॐ~ ॐ~ ॐ~ ॐ~
~ॐ~ॐ~ॐ~ॐ~ॐ~ॐ~ ॐ~
~ॐ~ॐ~ॐ~ॐ~ॐ~
~ॐ~ॐ~ॐ~
~ॐ~

षष्ठोऽध्यायः - ध्यानयोगः

श्रीभगवानुवाच --
अनाश्रितः कर्मफलं कार्यं कर्म करोति यः ।
स संन्यासी च योगी च न निरग्निर्न चाक्रियः ॥६-१॥
यं संन्यासमिति प्राहुर्योगं तं विद्धि पाण्डव ।
न ह्यसंन्यस्तसङ्कल्पो योगी भवति कश्चन ॥६-२॥

आरुरुक्षोर्मुनेर्योगं कर्म कारणमुच्यते ।
योगारूढस्य तस्यैव शमः कारणमुच्यते ॥ ६-३ ॥
यदा हि नेन्द्रियार्थेषु न कर्मस्वनुषज्जते ।
सर्वसङ्कल्पसंन्यासी योगारूढस्तदोच्यते ॥ ६-४ ॥
उद्धरेदात्मनात्मानं नात्मानमवसादयेत् ।
आत्मैव ह्यात्मनो बन्धुरात्मैव रिपुरात्मनः ॥ ६-५ ॥
बन्धुरात्मात्मनस्तस्य येनात्मैवात्मना जितः ।
अनात्मनस्तु शत्रुत्वे वर्तेतात्मैव शत्रुवत् ॥ ६-६ ॥
जितात्मनः प्रशान्तस्य परमात्मा समाहितः ।
शीतोष्णसुखदुःखेषु तथा मानापमानयोः ॥ ६-७ ॥
ज्ञानविज्ञानतृप्तात्मा कूटस्थो विजितेन्द्रियः ।
युक्त इत्युच्यते योगी समलोष्टाश्मकाञ्चनः ॥ ६-८ ॥
सुहृन्मित्रार्युदासीनमध्यस्थद्वेष्यबन्धुषु ।
साधुष्वपि च पापेषु समबुद्धिर्विशिष्यते ॥ ६-९ ॥
योगी युञ्जीत सततमात्मानं रहसि स्थितः ।
एकाकी यतचित्तात्मा निराशीरपरिग्रहः ॥ ६-१० ॥
शुचौ देशे प्रतिष्ठाप्य स्थिरमासनमात्मनः ।
नात्युच्छ्रितं नातिनीचं चैलाजिनकुशोत्तरम् ॥ ६-११ ॥
तत्रैकाग्रं मनः कृत्वा यतचित्तेन्द्रियक्रियः ।
उपविश्यासने युञ्ज्याद्योगमात्मविशुद्धये ॥ ६-१२ ॥
समं कायशिरोग्रीवं धारयन्नचलं स्थिरः ।
सम्प्रेक्ष्य नासिकाग्रं स्वं दिशश्चानवलोकयन् ॥ ६-१३ ॥
प्रशान्तात्मा विगतभीर्ब्रह्मचारिव्रते स्थितः ।
मनः संयम्य मच्चित्तो युक्त आसीत मत्परः ॥ ६-१४ ॥

युञ्जन्नेवं सदात्मानं योगी नियतमानसः ।
शान्तिं निर्वाणपरमां मत्संस्थामधिगच्छति ॥ ६-१५ ॥
नात्यश्नतस्तु योगोऽस्ति न चैकान्तमनश्नतः ।
न चातिस्वप्नशीलस्य जाग्रतो नैव चार्जुन ॥ ६-१६ ॥
युक्ताहारविहारस्य युक्तचेष्टस्य कर्मसु ।
युक्तस्वप्नावबोधस्य योगो भवति दुःखहा ॥ ६-१७ ॥
यदा विनियतं चित्तमात्मन्येवावतिष्ठते ।
निःस्पृहः सर्वकामेभ्यो युक्त इत्युच्यते तदा ॥ ६-१८ ॥
यथा दीपो निवातस्थो नेङ्गते सोपमा स्मृता ।
योगिनो यतचित्तस्य युञ्जतो योगमात्मनः ॥ ६-१९ ॥
यत्रोपरमते चित्तं निरुद्धं योगसेवया ।
यत्र चैवात्मनात्मानं पश्यन्नात्मनि तुष्यति ॥ ६-२० ॥
सुखमात्यन्तिकं यत्तद् बुद्धिग्राह्यमतीन्द्रियम् ।
वेत्ति यत्र न चैवायं स्थितश्चलति तत्त्वतः ॥ ६-२१ ॥
यं लब्ध्वा चापरं लाभं मन्यते नाधिकं ततः ।
यस्मिन्स्थितो न दुःखेन गुरुणापि विचाल्यते ॥ ६-२२ ॥
तं विद्याद् दुःखसंयोगवियोगं योगसंज्ञितम् ।
स निश्चयेन योक्तव्यो योगोऽनिर्विण्णचेतसा ॥ ६-२३ ॥
सङ्कल्पप्रभवान्कामांस्त्यक्त्वा सर्वानशेषतः ।
मनसैवेन्द्रियग्रामं विनियम्य समन्ततः ॥ ६-२४ ॥
शनैः शनैरुपरमेद् बुद्ध्या धृतिगृहीतया ।
आत्मसंस्थं मनः कृत्वा न किञ्चिदपि चिन्तयेत् ॥ ६-२५ ॥
यतो यतो निश्चरति मनश्चञ्चलमस्थिरम् ।
ततस्ततो नियम्यैतदात्मन्येव वशं नयेत् ॥ ६-२६ ॥

प्रशान्तमनसं ह्येनं योगिनं सुखमुत्तमम् ।
उपैति शान्तरजसं ब्रह्मभूतमकल्मषम् ॥ ६-२७ ॥
युञ्जन्नेवं सदात्मानं योगी विगतकल्मषः ।
सुखेन ब्रह्मसंस्पर्शमत्यन्तं सुखमश्नुते ॥ ६-२८ ॥
सर्वभूतस्थमात्मानं सर्वभूतानि चात्मनि ।
ईक्षते योगयुक्तात्मा सर्वत्र समदर्शनः ॥ ६-२९ ॥
यो मां पश्यति सर्वत्र सर्वं च मयि पश्यति ।
तस्याहं न प्रणश्यामि स च मे न प्रणश्यति ॥ ६-३० ॥
सर्वभूतस्थितं यो मां भजत्येकत्वमास्थितः ।
सर्वथा वर्तमानोऽपि स योगी मयि वर्तते ॥ ६-३१ ॥
आत्मौपम्येन सर्वत्र समं पश्यति योऽर्जुन ।
सुखं वा यदि वा दुःखं स योगी परमो मतः ॥ ६-३२ ॥

अर्जुन उवाच --

योऽयं योगस्त्वया प्रोक्तः साम्येन मधुसूदन ।
एतस्याहं न पश्यामि चञ्चलत्वात्स्थितिं स्थिराम् ॥ ६-३३ ॥
चञ्चलं हि मनः कृष्ण प्रमाथि बलवद् दृढम् ।
तस्याहं निग्रहं मन्ये वायोरिव सुदुष्करम् ॥ ६-३४ ॥

श्रीभगवानुवाच --

असंशयं महाबाहो मनो दुर्निग्रहं चलम् ।
अभ्यासेन तु कौन्तेय वैराग्येण च गृह्यते ॥ ६-३५ ॥
असंयतात्मना योगो दुष्प्राप इति मे मतिः ।
वश्यात्मना तु यतता शक्योऽवाप्तुमुपायतः ॥ ६-३६ ॥

अर्जुन उवाच --

अयतिः श्रद्धयोपेतो योगाच्चलितमानसः ।
अप्राप्य योगसंसिद्धिं कां गतिं कृष्ण गच्छति ॥ ६-३७ ॥

कच्चिन्नोभयविभ्रष्टश्छिन्नाभ्रमिव नश्यति ।
अप्रतिष्ठो महाबाहो विमूढो ब्रह्मणः पथि ॥ ६-३८ ॥
एतन्मे संशयं कृष्ण छेत्तुमर्हस्यशेषतः ।
त्वदन्यः संशयस्यास्य छेत्ता न ह्युपपद्यते ॥ ६-३९ ॥

श्रीभगवानुवाच --

पार्थ नैवेह नामुत्र विनाशस्तस्य विद्यते ।
न हि कल्याणकृत्कश्चिद् दुर्गतिं तात गच्छति ॥ ६-४० ॥
प्राप्य पुण्यकृतां लोकानुषित्वा शाश्वतीः समाः ।
शुचीनां श्रीमतां गेहे योगभ्रष्टोऽभिजायते ॥ ६-४१ ॥
अथवा योगिनामेव कुले भवति धीमताम् ।
एतद्धि दुर्लभतरं लोके जन्म यदीदृशम् ॥ ६-४२ ॥
तत्र तं बुद्धिसंयोगं लभते पौर्वदेहिकम् ।
यतते च ततो भूयः संसिद्धौ कुरुनन्दन ॥ ६-४३ ॥
पूर्वाभ्यासेन तेनैव ह्रियते ह्यवशोऽपि सः ।
जिज्ञासुरपि योगस्य शब्दब्रह्मातिवर्तते ॥ ६-४४ ॥
प्रयत्नाद्यतमानस्तु योगी संशुद्धकिल्बिषः ।
अनेकजन्मसंसिद्धस्ततो याति परां गतिम् ॥ ६-४५ ॥
तपस्विभ्योऽधिको योगी ज्ञानिभ्योऽपि मतोऽधिकः ।
कर्मिभ्यश्चाधिको योगी तस्माद्योगी भवार्जुन ॥ ६-४६ ॥
योगिनामपि सर्वेषां मद्गतेनान्तरात्मना ।
श्रद्धावान्भजते यो मां स मे युक्ततमो मतः ॥ ६-४७ ॥

ॐ तत्सदिति श्रीमद्भगवद्गीतासूपनिषत्सु
ब्रह्मविद्यायां योगशास्त्रे श्रीकृष्णार्जुनसंवादे
ध्यानयोगो नाम षष्ठोऽध्यायः ॥

~ॐ~ॐ~ॐ~ॐ~ॐ~ॐ~ ॐ~ ॐ~ ॐ~
~ॐ~ॐ~ॐ~ॐ~ॐ~ॐ~ ॐ~
~ॐ~ॐ~ॐ~ॐ~ॐ~
~ॐ~ॐ~ॐ~
~ॐ~

सप्तमोऽध्यायः - ज्ञानविज्ञानयोगः

श्रीभगवानुवाच --

मय्यासक्तमनाः पार्थ योगं युञ्जन्मदाश्रयः ।
असंशयं समग्रं मां यथा ज्ञास्यसि तच्छृणु ॥ ७-१ ॥

ज्ञानं तेऽहं सविज्ञानमिदं वक्ष्याम्यशेषतः ।
यज्ज्ञात्वा नेह भूयोऽन्यज्ज्ञातव्यमवशिष्यते ॥ ७-२ ॥

मनुष्याणां सहस्रेषु कश्चिद्यतति सिद्धये ।
यततामपि सिद्धानां कश्चिन्मां वेत्ति तत्त्वतः ॥ ७-३ ॥

भूमिरापोऽनलो वायुः खं मनो बुद्धिरेव च ।
अहङ्कार इतीयं मे भिन्ना प्रकृतिरष्टधा ॥ ७-४ ॥

अपरेयमितस्त्वन्यां प्रकृतिं विद्धि मे पराम् ।
जीवभूतां महाबाहो ययेदं धार्यते जगत् ॥ ७-५ ॥

एतद्योनीनि भूतानि सर्वाणीत्युपधारय ।
अहं कृत्स्नस्य जगतः प्रभवः प्रलयस्तथा ॥ ७-६ ॥

मत्तः परतरं नान्यत्किञ्चिदस्ति धनञ्जय ।
मयि सर्वमिदं प्रोतं सूत्रे मणिगणा इव ॥ ७-७ ॥

रसोऽहमप्सु कौन्तेय प्रभास्मि शशिसूर्ययोः ।
प्रणवः सर्ववेदेषु शब्दः खे पौरुषं नृषु ॥ ७-८ ॥

पुण्यो गन्धः पृथिव्यां च तेजश्चास्मि विभावसौ ।
जीवनं सर्वभूतेषु तपश्चास्मि तपस्विषु ॥ ७-९ ॥

बीजं मां सर्वभूतानां विद्धि पार्थ सनातनम् ।
बुद्धिर्बुद्धिमतामस्मि तेजस्तेजस्विनामहम् ॥ ७-१० ॥

बलं बलवतां चाहं कामरागविवर्जितम् ।
धर्माविरुद्धो भूतेषु कामोऽस्मि भरतर्षभ ॥ ७-११ ॥

ये चैव सात्त्विका भावा राजसास्तामसाश्च ये ।
मत्त एवेति तान्विद्धि न त्वहं तेषु ते मयि ॥७-१२॥
त्रिभिर्गुणमयैर्भावैरेभिः सर्वमिदं जगत् ।
मोहितं नाभिजानाति मामेभ्यः परमव्ययम् ॥७-१३॥
दैवी ह्येषा गुणमयी मम माया दुरत्यया ।
मामेव ये प्रपद्यन्ते मायामेतां तरन्ति ते ॥७-१४॥
न मां दुष्कृतिनो मूढाः प्रपद्यन्ते नराधमाः ।
माययापहृतज्ञाना आसुरं भावमाश्रिताः ॥७-१५॥
चतुर्विधा भजन्ते मां जनाः सुकृतिनोऽर्जुन ।
आर्तो जिज्ञासुरर्थार्थी ज्ञानी च भरतर्षभ ॥७-१६॥
तेषां ज्ञानी नित्ययुक्त एकभक्तिर्विशिष्यते ।
प्रियो हि ज्ञानिनोऽत्यर्थमहं स च मम प्रियः ॥७-१७॥
उदाराः सर्व एवैते ज्ञानी त्वात्मैव मे मतम् ।
आस्थितः स हि युक्तात्मा मामेवानुत्तमां गतिम् ॥७-१८॥
बहूनां जन्मनामन्ते ज्ञानवान्मां प्रपद्यते ।
वासुदेवः सर्वमिति स महात्मा सुदुर्लभः ॥७-१९॥
कामैस्तैस्तैर्हृतज्ञानाः प्रपद्यन्तेऽन्यदेवताः ।
तं तं नियममास्थाय प्रकृत्या नियताः स्वया ॥७-२०॥
यो यो यां यां तनुं भक्तः श्रद्धयार्चितुमिच्छति ।
तस्य तस्याचलां श्रद्धां तामेव विदधाम्यहम् ॥७-२१॥
स तया श्रद्धया युक्तस्तस्याराधनमीहते ।
लभते च ततः कामान्मयैव विहितान्हि तान् ॥७-२२॥
अन्तवत्तु फलं तेषां तद्भवत्यल्पमेधसाम् ।
देवान्देवयजो यान्ति मद्भक्ता यान्ति मामपि ॥७-२३॥

अव्यक्तं व्यक्तिमापन्नं मन्यन्ते मामबुद्धयः ।
परं भावमजानन्तो ममाव्ययमनुत्तमम् ॥७-२४॥
नाहं प्रकाशः सर्वस्य योगमायासमावृतः ।
मूढोऽयं नाभिजानाति लोको मामजमव्ययम् ॥७-२५॥
वेदाहं समतीतानि वर्तमानानि चार्जुन ।
भविष्याणि च भूतानि मां तु वेद न कश्चन ॥७-२६॥
इच्छाद्वेषसमुत्थेन द्वन्द्वमोहेन भारत ।
सर्वभूतानि सम्मोहं सर्गे यान्ति परन्तप ॥७-२७॥
येषां त्वन्तगतं पापं जनानां पुण्यकर्मणाम् ।
ते द्वन्द्वमोहनिर्मुक्ता भजन्ते मां दृढव्रताः ॥७-२८॥
जरामरणमोक्षाय मामाश्रित्य यतन्ति ये ।
ते ब्रह्म तद्विदुः कृत्स्नमध्यात्मं कर्म चाखिलम् ॥७-२९॥
साधिभूताधिदैवं मां साधियज्ञं च ये विदुः ।
प्रयाणकालेऽपि च मां ते विदुर्युक्तचेतसः ॥७-३०॥

ॐ तत्सदिति श्रीमद्भगवद्गीतासूपनिषत्सु
ब्रह्मविद्यायां योगशास्त्रे श्रीकृष्णार्जुनसंवादे
ज्ञानविज्ञानयोगो नाम सप्तमोऽध्यायः ॥

~ॐ~ॐ~ॐ~ॐ~ॐ~ॐ~ ॐ~ ॐ~ ॐ~
~ॐ~ॐ~ॐ~ॐ~ॐ~ॐ~ ॐ~
~ॐ~ॐ~ॐ~ॐ~ॐ~
~ॐ~ॐ~ॐ~
~ॐ~

अष्टमोऽध्यायः - अक्षरब्रह्मयोगः

अर्जुन उवाच --

किं तद् ब्रह्म किमध्यात्मं किं कर्म पुरुषोत्तम ।
अधिभूतं च किं प्रोक्तमधिदैवं किमुच्यते ॥ ८-१ ॥

अधियज्ञः कथं कोऽत्र देहेऽस्मिन्मधुसूदन ।
प्रयाणकाले च कथं ज्ञेयोऽसि नियतात्मभिः ॥ ८-२ ॥

श्रीभगवानुवाच --

अक्षरं ब्रह्म परमं स्वभावोऽध्यात्ममुच्यते ।
भूतभावोद्भवकरो विसर्गः कर्मसंज्ञितः ॥ ८-३ ॥

अधिभूतं क्षरो भावः पुरुषश्चाधिदैवतम् ।
अधियज्ञोऽहमेवात्र देहे देहभृतां वर ॥ ८-४ ॥

अन्तकाले च मामेव स्मरन्मुक्त्वा कलेवरम् ।
यः प्रयाति स मद्भावं याति नास्त्यत्र संशयः ॥ ८-५ ॥

यं यं वापि स्मरन्भावं त्यजत्यन्ते कलेवरम् ।
तं तमेवैति कौन्तेय सदा तद्भावभावितः ॥ ८-६ ॥

तस्मात्सर्वेषु कालेषु मामनुस्मर युध्य च ।
मय्यर्पितमनोबुद्धिर्मामेवैष्यस्यसंशयः ॥ ८-७ ॥

अभ्यासयोगयुक्तेन चेतसा नान्यगामिना ।
परमं पुरुषं दिव्यं याति पार्थानुचिन्तयन् ॥ ८-८ ॥

कविं पुराणमनुशासितारमणोरणीयंसमनुस्मरेद्यः ।
सर्वस्य धातारमचिन्त्यरूपमादित्यवर्णं तमसः परस्तात् ॥ ८-९ ॥

प्रयाणकाले मनसाऽचलेन भक्त्या युक्तो योगबलेन चैव ।
भ्रुवोर्मध्ये प्राणमावेश्य सम्यक् स तं परं पुरुषमुपैति दिव्यम् ॥ ८-१० ॥

यदक्षरं वेदविदो वदन्ति विशन्ति यद्यतयो वीतरागाः ।
यदिच्छन्तो ब्रह्मचर्यं चरन्ति तत्ते पदं सङ्ग्रहेण प्रवक्ष्ये ॥ ८-११ ॥
सर्वद्वाराणि संयम्य मनो हृदि निरुध्य च ।
मूर्ध्न्याधायात्मनः प्राणमास्थितो योगधारणाम् ॥ ८-१२ ॥
ओमित्येकाक्षरं ब्रह्म व्याहरन्मामनुस्मरन् ।
यः प्रयाति त्यजन्देहं स याति परमां गतिम् ॥ ८-१३ ॥
अनन्यचेताः सततं यो मां स्मरति नित्यशः ।
तस्याहं सुलभः पार्थ नित्ययुक्तस्य योगिनः ॥ ८-१४ ॥
मामुपेत्य पुनर्जन्म दुःखालयमशाश्वतम् ।
नाप्नुवन्ति महात्मानः संसिद्धिं परमां गताः ॥ ८-१५ ॥
आब्रह्मभुवनाल्लोकाः पुनरावर्तिनोऽर्जुन ।
मामुपेत्य तु कौन्तेय पुनर्जन्म न विद्यते ॥ ८-१६ ॥
सहस्रयुगपर्यन्तमहर्यद्ब्रह्मणो विदुः ।
रात्रिं युगसहस्रान्तां तेऽहोरात्रविदो जनाः ॥ ८-१७ ॥
अव्यक्ताद्व्यक्तयः सर्वाः प्रभवन्त्यहरागमे ।
रात्र्यागमे प्रलीयन्ते तत्रैवाव्यक्तसंज्ञके ॥ ८-१८ ॥
भूतग्रामः स एवायं भूत्वा भूत्वा प्रलीयते ।
रात्र्यागमेऽवशः पार्थ प्रभवत्यहरागमे ॥ ८-१९ ॥
परस्तस्मात्तु भावोऽन्योऽव्यक्तोऽव्यक्तात्सनातनः ।
यः स सर्वेषु भूतेषु नश्यत्सु न विनश्यति ॥ ८-२० ॥
अव्यक्तोऽक्षर इत्युक्तस्तमाहुः परमां गतिम् ।
यं प्राप्य न निवर्तन्ते तद्धाम परमं मम ॥ ८-२१ ॥
पुरुषः स परः पार्थ भक्त्या लभ्यस्त्वनन्यया ।
यस्यान्तःस्थानि भूतानि येन सर्वमिदं ततम् ॥ ८-२२ ॥

यत्र काले त्वनावृत्तिमावृत्तिं चैव योगिनः ।
प्रयाता यान्ति तं कालं वक्ष्यामि भरतर्षभ ॥८-२३॥
अग्निर्ज्योतिरहः शुक्लः षण्मासा उत्तरायणम् ।
तत्र प्रयाता गच्छन्ति ब्रह्म ब्रह्मविदो जनाः ॥८-२४॥
धूमो रात्रिस्तथा कृष्णः षण्मासा दक्षिणायनम् ।
तत्र चान्द्रमसं ज्योतिर्योगी प्राप्य निवर्तते ॥८-२५॥
शुक्लकृष्णे गती ह्येते जगतः शाश्वते मते ।
एकया यात्यनावृत्तिमन्ययावर्तते पुनः ॥८-२६॥
नैते सृती पार्थ जानन्योगी मुह्यति कश्चन ।
तस्मात्सर्वेषु कालेषु योगयुक्तो भवार्जुन ॥८-२७॥
वेदेषु यज्ञेषु तपःसु चैव दानेषु यत्पुण्यफलं प्रदिष्टम् ।
अत्येति तत्सर्वमिदं विदित्वा योगी परं स्थानमुपैति चाद्यम् ॥८-२८॥

ॐ तत्सदिति श्रीमद्भगवद्गीतासूपनिषत्सु
ब्रह्मविद्यायां योगशास्त्रे श्रीकृष्णार्जुनसंवादे
अक्षरब्रह्मयोगो नामाष्टमोऽध्यायः ॥

~ॐ~ॐ~ॐ~ॐ~ॐ~ॐ~ ॐ~ ॐ~ ॐ~
~ॐ~ॐ~ॐ~ॐ~ॐ~ॐ~ ॐ~
~ॐ~ॐ~ॐ~ॐ~ॐ~
~ॐ~ॐ~ॐ~
~ॐ~

नवमोऽध्यायः - राजविद्याराजगुह्ययोगः

श्रीभगवानुवाच --

इदं तु ते गुह्यतमं प्रवक्ष्याम्यनसूयवे ।
ज्ञानं विज्ञानसहितं यज्ज्ञात्वा मोक्ष्यसेऽशुभात् ॥९-१॥
राजविद्या राजगुह्यं पवित्रमिदमुत्तमम् ।
प्रत्यक्षावगमं धर्म्यं सुसुखं कर्तुमव्ययम् ॥९-२॥

अश्रद्दधानाः पुरुषा धर्मस्यास्य परन्तप ।
अप्राप्य मां निवर्तन्ते मृत्युसंसारवर्त्मनि ॥९-३॥
मया ततमिदं सर्वं जगदव्यक्तमूर्तिना ।
मत्स्थानि सर्वभूतानि न चाहं तेष्ववस्थितः ॥९-४॥
न च मत्स्थानि भूतानि पश्य मे योगमैश्वरम् ।
भूतभृन्न च भूतस्थो ममात्मा भूतभावनः ॥९-५॥
यथाकाशस्थितो नित्यं वायुः सर्वत्रगो महान् ।
तथा सर्वाणि भूतानि मत्स्थानीत्युपधारय ॥९-६॥
सर्वभूतानि कौन्तेय प्रकृतिं यान्ति मामिकाम् ।
कल्पक्षये पुनस्तानि कल्पादौ विसृजाम्यहम् ॥९-७॥
प्रकृतिं स्वामवष्टभ्य विसृजामि पुनः पुनः ।
भूतग्राममिमं कृत्स्नमवशं प्रकृतेर्वशात् ॥९-८॥
न च मां तानि कर्माणि निबध्नन्ति धनञ्जय ।
उदासीनवदासीनमसक्तं तेषु कर्मसु ॥९-९॥
मयाध्यक्षेण प्रकृतिः सूयते सचराचरम् ।
हेतुनानेन कौन्तेय जगद्विपरिवर्तते ॥९-१०॥
अवजानन्ति मां मूढा मानुषीं तनुमाश्रितम् ।
परं भावमजानन्तो मम भूतमहेश्वरम् ॥९-११॥
मोघाशा मोघकर्माणो मोघज्ञाना विचेतसः ।
राक्षसीमासुरीं चैव प्रकृतिं मोहिनीं श्रिताः ॥९-१२॥
महात्मानस्तु मां पार्थ दैवीं प्रकृतिमाश्रिताः ।
भजन्त्यनन्यमनसो ज्ञात्वा भूतादिमव्ययम् ॥९-१३॥
सततं कीर्तयन्तो मां यतन्तश्च दृढव्रताः ।
नमस्यन्तश्च मां भक्त्या नित्ययुक्ता उपासते ॥९-१४॥

ज्ञानयज्ञेन चाप्यन्ये यजन्तो मामुपासते ।
एकत्वेन पृथक्त्वेन बहुधा विश्वतोमुखम् ॥९-१५॥
अहं क्रतुरहं यज्ञः स्वधाहमहमौषधम् ।
मन्त्रोऽहमहमेवाज्यमहमग्निरहं हुतम् ॥९-१६॥
पिताहमस्य जगतो माता धाता पितामहः ।
वेद्यं पवित्रमोङ्कार ऋक्साम यजुरेव च ॥९-१७॥
गतिर्भर्ता प्रभुः साक्षी निवासः शरणं सुहृत् ।
प्रभवः प्रलयः स्थानं निधानं बीजमव्ययम् ॥९-१८॥
तपाम्यहमहं वर्षं निगृह्णाम्युत्सृजामि च ।
अमृतं चैव मृत्युश्च सदसच्चाहमर्जुन ॥९-१९॥
त्रैविद्या मां सोमपाः पूतपापा यज्ञैरिष्ट्वा स्वर्गतिं प्रार्थयन्ते ।
ते पुण्यमासाद्य सुरेन्द्रलोकमश्नन्ति दिव्यान्दिवि देवभोगान् ॥९-२०॥
ते तं भुक्त्वा स्वर्गलोकं विशालं क्षीणे पुण्ये मर्त्यलोकं विशन्ति ।
एवं त्रयीधर्ममनुप्रपन्ना गतागतं कामकामा लभन्ते ॥९-२१॥
अनन्याश्चिन्तयन्तो मां ये जनाः पर्युपासते ।
तेषां नित्याभियुक्तानां योगक्षेमं वहाम्यहम् ॥९-२२॥
येऽप्यन्यदेवता भक्ता यजन्ते श्रद्धयान्विताः ।
तेऽपि मामेव कौन्तेय यजन्त्यविधिपूर्वकम् ॥९-२३॥
अहं हि सर्वयज्ञानां भोक्ता च प्रभुरेव च ।
न तु मामभिजानन्ति तत्त्वेनातश्च्यवन्ति ते ॥९-२४॥
यान्ति देवव्रता देवान्पितॄन्यान्ति पितृव्रताः ।
भूतानि यान्ति भूतेज्या यान्ति मद्याजिनोऽपि माम् ॥९-२५॥
पत्रं पुष्पं फलं तोयं यो मे भक्त्या प्रयच्छति ।
तदहं भक्त्युपहृतमश्नामि प्रयतात्मनः ॥९-२६॥

यत्करोषि यदश्नासि यज्जुहोषि ददासि यत् ।
यत्तपस्यसि कौन्तेय तत्कुरुष्व मदर्पणम् ॥९-२७॥
शुभाशुभफलैरेवं मोक्ष्यसे कर्मबन्धनैः ।
संन्यासयोगयुक्तात्मा विमुक्तो मामुपैष्यसि ॥९-२८॥
समोऽहं सर्वभूतेषु न मे द्वेष्योऽस्ति न प्रियः ।
ये भजन्ति तु मां भक्त्या मयि ते तेषु चाप्यहम् ॥९-२९॥
अपि चेत्सुदुराचारो भजते मामनन्यभाक् ।
साधुरेव स मन्तव्यः सम्यग्व्यवसितो हि सः ॥९-३०॥
क्षिप्रं भवति धर्मात्मा शश्वच्छान्तिं निगच्छति ।
कौन्तेय प्रतिजानीहि न मे भक्तः प्रणश्यति ॥९-३१॥
मां हि पार्थ व्यपाश्रित्य येऽपि स्युः पापयोनयः ।
स्त्रियो वैश्यास्तथा शूद्रास्तेऽपि यान्ति परां गतिम् ॥९-३२॥
किं पुनर्ब्राह्मणाः पुण्या भक्ता राजर्षयस्तथा ।
अनित्यमसुखं लोकमिमं प्राप्य भजस्व माम् ॥९-३३॥
मन्मना भव मद्भक्तो मद्याजी मां नमस्कुरु ।
मामेवैष्यसि युक्त्वैवमात्मानं मत्परायणः ॥९-३४॥

ॐ तत्सदिति श्रीमद्भगवद्गीतासूपनिषत्सु
ब्रह्मविद्यायां योगशास्त्रे श्रीकृष्णार्जुनसंवादे
राजविद्याराजगुह्ययोगो नाम नवमोऽध्यायः ॥

~ॐ~ॐ~ॐ~ॐ~ॐ~ॐ~ ॐ~ ॐ~ ॐ~
~ॐ~ॐ~ॐ~ॐ~ॐ~ॐ~ ॐ~
~ॐ~ॐ~ॐ~ॐ~ॐ~
~ॐ~ॐ~ॐ~
~ॐ~

दशमोऽध्यायः - विभूतियोगः

श्रीभगवानुवाच --

भूय एव महाबाहो शृणु मे परमं वचः ।
यत्तेऽहं प्रीयमाणाय वक्ष्यामि हितकाम्यया ॥१०-१॥

न मे विदुः सुरगणाः प्रभवं न महर्षयः ।
अहमादिर्हि देवानां महर्षीणां च सर्वशः ॥१०-२॥

यो मामजमनादिं च वेत्ति लोकमहेश्वरम् ।
असम्मूढः स मर्त्येषु सर्वपापैः प्रमुच्यते ॥१०-३॥

बुद्धिर्ज्ञानमसम्मोहः क्षमा सत्यं दमः शमः ।
सुखं दुःखं भवोऽभावो भयं चाभयमेव च ॥१०-४॥

अहिंसा समता तुष्टिस्तपो दानं यशोऽयशः ।
भवन्ति भावा भूतानां मत्त एव पृथग्विधाः ॥१०-५॥

महर्षयः सप्त पूर्वे चत्वारो मनवस्तथा ।
मद्भावा मानसा जाता येषां लोक इमाः प्रजाः ॥१०-६॥

एतां विभूतिं योगं च मम यो वेत्ति तत्त्वतः ।
सोऽविकम्पेन योगेन युज्यते नात्र संशयः ॥१०-७॥

अहं सर्वस्य प्रभवो मत्तः सर्वं प्रवर्तते ।
इति मत्वा भजन्ते मां बुधा भावसमन्विताः ॥१०-८॥

मच्चित्ता मद्गतप्राणा बोधयन्तः परस्परम् ।
कथयन्तश्च मां नित्यं तुष्यन्ति च रमन्ति च ॥१०-९॥

तेषां सततयुक्तानां भजतां प्रीतिपूर्वकम् ।
ददामि बुद्धियोगं तं येन मामुपयान्ति ते ॥१०-१०॥

तेषामेवानुकम्पार्थमहमज्ञानजं तमः ।
नाशयाम्यात्मभावस्थो ज्ञानदीपेन भास्वता ॥१०-११॥

अर्जुन उवाच --

परं ब्रह्म परं धाम पवित्रं परमं भवान् ।
पुरुषं शाश्वतं दिव्यमादिदेवमजं विभुम् ॥ १०-१२ ॥
आहुस्त्वामृषयः सर्वे देवर्षिर्नारदस्तथा ।
असितो देवलो व्यासः स्वयं चैव ब्रवीषि मे ॥ १०-१३ ॥
सर्वमेतदृतं मन्ये यन्मां वदसि केशव ।
न हि ते भगवन्व्यक्तिं विदुर्देवा न दानवाः ॥ १०-१४ ॥
स्वयमेवात्मनात्मानं वेत्थ त्वं पुरुषोत्तम ।
भूतभावन भूतेश देवदेव जगत्पते ॥ १०-१५ ॥
वक्तुमर्हस्यशेषेण दिव्या ह्यात्मविभूतयः ।
याभिर्विभूतिभिर्लोकानिमांस्त्वं व्याप्य तिष्ठसि ॥ १०-१६ ॥
कथं विद्यामहं योगिंस्त्वां सदा परिचिन्तयन् ।
केषु केषु च भावेषु चिन्त्योऽसि भगवन्मया ॥ १०-१७ ॥
विस्तरेणात्मनो योगं विभूतिं च जनार्दन ।
भूयः कथय तृप्तिर्हि शृण्वतो नास्ति मेऽमृतम् ॥ १०-१८ ॥

श्रीभगवानुवाच --

हन्त ते कथयिष्यामि दिव्या ह्यात्मविभूतयः ।
प्राधान्यतः कुरुश्रेष्ठ नास्त्यन्तो विस्तरस्य मे ॥ १०-१९ ॥
अहमात्मा गुडाकेश सर्वभूताशयस्थितः ।
अहमादिश्च मध्यं च भूतानामन्त एव च ॥ १०-२० ॥
आदित्यानामहं विष्णुर्ज्योतिषां रविरंशुमान् ।
मरीचिर्मरुतामस्मि नक्षत्राणामहं शशी ॥ १०-२१ ॥
वेदानां सामवेदोऽस्मि देवानामस्मि वासवः ।
इन्द्रियाणां मनश्चास्मि भूतानामस्मि चेतना ॥ १०-२२ ॥
रुद्राणां शङ्करश्चास्मि वित्तेशो यक्षरक्षसाम् ।
वसूनां पावकश्चास्मि मेरुः शिखरिणामहम् ॥ १०-२३ ॥

पुरोधसां च मुख्यं मां विद्धि पार्थ बृहस्पतिम् ।
सेनानीनामहं स्कन्दः सरसामस्मि सागरः ॥ १०-२४॥
महर्षीणां भृगुरहं गिरामस्म्येकमक्षरम् ।
यज्ञानां जपयज्ञोऽस्मि स्थावराणां हिमालयः ॥ १०-२५॥
अश्वत्थः सर्ववृक्षाणां देवर्षीणां च नारदः ।
गन्धर्वाणां चित्ररथः सिद्धानां कपिलो मुनिः ॥ १०-२६॥
उच्चैःश्रवसमश्वानां विद्धि माममृतोद्भवम् ।
ऐरावतं गजेन्द्राणां नराणां च नराधिपम् ॥ १०-२७॥
आयुधानामहं वज्रं धेनूनामस्मि कामधुक् ।
प्रजनश्चास्मि कन्दर्पः सर्पाणामस्मि वासुकिः ॥ १०-२८॥
अनन्तश्चास्मि नागानां वरुणो यादसामहम् ।
पितृणामर्यमा चास्मि यमः संयमतामहम् ॥ १०-२९॥
प्रह्लादश्चास्मि दैत्यानां कालः कलयतामहम् ।
मृगाणां च मृगेन्द्रोऽहं वैनतेयश्च पक्षिणाम् ॥ १०-३०॥
पवनः पवतामस्मि रामः शस्त्रभृतामहम् ।
झषाणां मकरश्चास्मि स्रोतसामस्मि जाह्नवी ॥ १०-३१॥
सर्गाणामादिरन्तश्च मध्यं चैवाहमर्जुन ।
अध्यात्मविद्या विद्यानां वादः प्रवदतामहम् ॥ १०-३२॥
अक्षराणामकारोऽस्मि द्वन्द्वः सामासिकस्य च ।
अहमेवाक्षयः कालो धाताहं विश्वतोमुखः ॥ १०-३३॥
मृत्युः सर्वहरश्चाहमुद्भवश्च भविष्यताम् ।
कीर्तिः श्रीर्वाक्च नारीणां स्मृतिर्मेधा धृतिः क्षमा ॥ १०-३४॥
बृहत्साम तथा साम्नां गायत्री छन्दसामहम् ।
मासानां मार्गशीर्षोऽहमृतूनां कुसुमाकरः ॥ १०-३५॥

द्यूतं छलयतामस्मि तेजस्तेजस्विनामहम् ।
जयोऽस्मि व्यवसायोऽस्मि सत्त्वं सत्त्ववतामहम् ॥ १०-३६ ॥
वृष्णीनां वासुदेवोऽस्मि पाण्डवानां धनञ्जयः ।
मुनीनामप्यहं व्यासः कवीनामुशना कविः ॥ १०-३७ ॥
दण्डो दमयतामस्मि नीतिरस्मि जिगीषताम् ।
मौनं चैवास्मि गुह्यानां ज्ञानं ज्ञानवतामहम् ॥ १०-३८ ॥
यच्चापि सर्वभूतानां बीजं तदहमर्जुन ।
न तदस्ति विना यत्स्यान्मया भूतं चराचरम् ॥ १०-३९ ॥
नान्तोऽस्ति मम दिव्यानां विभूतीनां परन्तप ।
एष तूद्देशतः प्रोक्तो विभूतेर्विस्तरो मया ॥ १०-४० ॥
यद्यद्विभूतिमत्सत्त्वं श्रीमदूर्जितमेव वा ।
तत्तदेवावगच्छ त्वं मम तेजोंऽशसम्भवम् ॥ १०-४१ ॥
अथवा बहुनैतेन किं ज्ञातेन तवार्जुन ।
विष्टभ्याहमिदं कृत्स्नमेकांशेन स्थितो जगत् ॥ १०-४२ ॥

ॐ तत्सदिति श्रीमद्भगवद्गीतासूपनिषत्सु
ब्रह्मविद्यायां योगशास्त्रे श्रीकृष्णार्जुनसंवादे
विभूतियोगो नाम दशमोऽध्यायः ॥

~ॐ~ॐ~ॐ~ॐ~ॐ~ॐ~ ॐ~ ॐ~ ॐ~
~ॐ~ॐ~ॐ~ॐ~ॐ~ॐ~ ॐ~
~ॐ~ॐ~ॐ~ॐ~ॐ~
~ॐ~ॐ~ॐ~
~ॐ~

एकादशोऽध्यायः - विश्वरूपदर्शनयोगः

अर्जुन उवाच --

मदनुग्रहाय परमं गुह्यमध्यात्मसंज्ञितम् ।
यत्त्वयोक्तं वचस्तेन मोहोऽयं विगतो मम ॥११-१॥
भवाप्ययौ हि भूतानां श्रुतौ विस्तरशो मया ।
त्वत्तः कमलपत्राक्ष माहात्म्यमपि चाव्ययम् ॥११-२॥
एवमेतद्यथात्थ त्वमात्मानं परमेश्वर ।
द्रष्टुमिच्छामि ते रूपमैश्वरं पुरुषोत्तम ॥११-३॥
मन्यसे यदि तच्छक्यं मया द्रष्टुमिति प्रभो ।
योगेश्वर ततो मे त्वं दर्शयात्मानमव्ययम् ॥११-४॥

श्रीभगवानुवाच --

पश्य मे पार्थ रूपाणि शतशोऽथ सहस्रशः ।
नानाविधानि दिव्यानि नानावर्णाकृतीनि च ॥११-५॥
पश्यादित्यान्वसून्रुद्रानश्विनौ मरुतस्तथा ।
बहून्यदृष्टपूर्वाणि पश्याश्चर्याणि भारत ॥११-६॥
इहैकस्थं जगत्कृत्स्नं पश्याद्य सचराचरम् ।
मम देहे गुडाकेश यच्चान्यद् द्रष्टुमिच्छसि ॥११-७॥
न तु मां शक्यसे द्रष्टुमनेनैव स्वचक्षुषा ।
दिव्यं ददामि ते चक्षुः पश्य मे योगमैश्वरम् ॥११-८॥

सञ्जय उवाच --

एवमुक्त्वा ततो राजन्महायोगेश्वरो हरिः ।
दर्शयामास पार्थाय परमं रूपमैश्वरम् ॥११-९॥
अनेकवक्त्रनयनमनेकाद्भुतदर्शनम् ।
अनेकदिव्याभरणं दिव्यानेकोद्यतायुधम् ॥११-१०॥

दिव्यमाल्याम्बरधरं दिव्यगन्धानुलेपनम् ।

सर्वाश्चर्यमयं देवमनन्तं विश्वतोमुखम् ॥११-११॥

दिवि सूर्यसहस्रस्य भवेद्युगपदुत्थिता ।

यदि भाः सदृशी सा स्याद्भासस्तस्य महात्मनः ॥११-१२॥

तत्रैकस्थं जगत्कृत्स्नं प्रविभक्तमनेकधा ।

अपश्यद्देवदेवस्य शरीरे पाण्डवस्तदा ॥११-१३॥

ततः स विस्मयाविष्टो हृष्टरोमा धनञ्जयः ।

प्रणम्य शिरसा देवं कृताञ्जलिरभाषत ॥११-१४॥

अर्जुन उवाच --

पश्यामि देवांस्तव देव देहे सर्वांस्तथा भूतविशेषसङ्घान् ।

ब्रह्माणमीशं कमलासनस्थमृषींश्च सर्वानुरगांश्च दिव्यान् ॥११-१५॥

अनेकबाहूदरवक्त्रनेत्रं पश्यामि त्वां सर्वतोऽनन्तरूपम् ।

नान्तं न मध्यं न पुनस्तवादिं पश्यामि विश्वेश्वर विश्वरूप ॥११-१६॥

किरीटिनं गदिनं चक्रिणं च तेजोराशिं सर्वतो दीप्तिमन्तम् ।

पश्यामि त्वां दुर्निरीक्ष्यं समन्ताद् दीप्तानलार्कद्युतिमप्रमेयम् ॥११-१७॥

त्वमक्षरं परमं वेदितव्यं त्वमस्य विश्वस्य परं निधानम् ।

त्वमव्ययः शाश्वतधर्मगोप्ता सनातनस्त्वं पुरुषो मतो मे ॥११-१८॥

अनादिमध्यान्तमनन्तवीर्यमनन्तबाहुं शशिसूर्यनेत्रम् ।

पश्यामि त्वां दीप्तहुताशवक्त्रं स्वतेजसा विश्वमिदं तपन्तम् ॥११-१९॥

द्यावापृथिव्योरिदमन्तरं हि व्याप्तं त्वयैकेन दिशश्च सर्वाः ।

दृष्ट्वाद्भुतं रूपमुग्रं तवेदं लोकत्रयं प्रव्यथितं महात्मन् ॥११-२०॥

अमी हि त्वां सुरसङ्घा विशन्ति केचिद्भीताः प्राञ्जलयो गृणन्ति ।

स्वस्तीत्युक्त्वा महर्षिसिद्धसङ्घाः

स्तुवन्ति त्वां स्तुतिभिः पुष्कलाभिः ॥११-२१॥

रुद्रादित्या वसवो ये च साध्या विश्वेऽश्विनौ मरुतश्चोष्मपाश्च ।
गन्धर्वयक्षासुरसिद्धसङ्घा वीक्षन्ते त्वां विस्मिताश्चैव सर्वे ॥ ११-२२ ॥
रूपं महत्ते बहुवक्त्रनेत्रं महाबाहो बहुबाहूरुपादम् ।
बहूदरं बहुदंष्ट्राकरालं दृष्ट्वा लोकाः प्रव्यथितास्तथाहम् ॥ ११-२३ ॥
नभःस्पृशं दीप्तमनेकवर्णं व्यात्ताननं दीप्तविशालनेत्रम् ।
दृष्ट्वा हि त्वां प्रव्यथितान्तरात्मा
धृतिं न विन्दामि शमं च विष्णो ॥ ११-२४ ॥
दंष्ट्राकरालानि च ते मुखानि दृष्ट्वैव कालानलसन्निभानि ।
दिशो न जाने न लभे च शर्म प्रसीद देवेश जगन्निवास ॥ ११-२५ ॥
अमी च त्वां धृतराष्ट्रस्य पुत्राः सर्वे सहैवावनिपालसङ्घैः ।
भीष्मो द्रोणः सूतपुत्रस्तथासौ सहास्मदीयैरपि योधमुख्यैः ॥ ११-२६ ॥
वक्त्राणि ते त्वरमाणा विशन्ति दंष्ट्राकरालानि भयानकानि ।
केचिद्विलग्ना दशनान्तरेषु सन्दृश्यन्ते चूर्णितैरुत्तमाङ्गैः ॥ ११-२७ ॥
यथा नदीनां बहवोऽम्बुवेगाः समुद्रमेवाभिमुखा द्रवन्ति ।
तथा तवामी नरलोकवीरा विशन्ति वक्त्राण्यभिविज्वलन्ति ॥ ११-२८ ॥
यथा प्रदीप्तं ज्वलनं पतङ्गा विशन्ति नाशाय समृद्धवेगाः ।
तथैव नाशाय विशन्ति लोकास्तवापि वक्त्राणि समृद्धवेगाः ॥ ११-२९ ॥
लेलिह्यसे ग्रसमानः समन्ताल्लोकान्समग्रान्वदनैर्ज्वलद्भिः ।
तेजोभिरापूर्य जगत्समग्रं भासस्तवोग्राः प्रतपन्ति विष्णो ॥ ११-३० ॥
आख्याहि मे को भवानुग्ररूपो नमोऽस्तु ते देववर प्रसीद ।
विज्ञातुमिच्छामि भवन्तमाद्यं न हि प्रजानामि तव प्रवृत्तिम् ॥ ११-३१ ॥

श्रीभगवानुवाच --

कालोऽस्मि लोकक्षयकृत्प्रवृद्धो लोकान्समाहर्तुमिह प्रवृत्तः ।
ऋतेऽपि त्वां न भविष्यन्ति सर्वे
येऽवस्थिताः प्रत्यनीकेषु योधाः ॥ ११-३२ ॥

तस्मात्त्वमुत्तिष्ठ यशो लभस्व जित्वा शत्रून् भुङ्क्ष्व राज्यं समृद्धम् ।
मयैवैते निहताः पूर्वमेव निमित्तमात्रं भव सव्यसाचिन् ॥११-३३॥
द्रोणं च भीष्मं च जयद्रथं च कर्णं तथान्यानपि योधवीरान् ।
मया हतांस्त्वं जहि मा व्यथिष्ठा युध्यस्व जेतासि रणे सपत्नान् ॥११-३४॥

सञ्जय उवाच –

एतच्छ्रुत्वा वचनं केशवस्य कृताञ्जलिर्वेपमानः किरीटी ।
नमस्कृत्वा भूय एवाह कृष्णं सगद्गदं भीतभीतः प्रणम्य ॥११-३५॥

अर्जुन उवाच

स्थाने हृषीकेश तव प्रकीर्त्या जगत्प्रहृष्यत्यनुरज्यते च ।
रक्षांसि भीतानि दिशो द्रवन्ति सर्वे नमस्यन्ति च सिद्धसङ्घाः ॥११-३६॥
कस्माच्च ते न नमेरन्महात्मन् गरीयसे ब्रह्मणोऽप्यादिकर्त्रे ।
अनन्त देवेश जगन्निवास त्वमक्षरं सदसत्तत्परं यत् ॥११-३७॥
त्वमादिदेवः पुरुषः पुराणस्त्वमस्य विश्वस्य परं निधानम् ।
वेत्तासि वेद्यं च परं च धाम त्वया ततं विश्वमनन्तरूप ॥११-३८॥
वायुर्यमोऽग्निर्वरुणः शशाङ्कः प्रजापतिस्त्वं प्रपितामहश्च ।
नमो नमस्तेऽस्तु सहस्रकृत्वः पुनश्च भूयोऽपि नमो नमस्ते ॥११-३९॥
नमः पुरस्तादथ पृष्ठतस्ते नमोऽस्तु ते सर्वत एव सर्व ।
अनन्तवीर्यामितविक्रमस्त्वं सर्वं समाप्नोषि ततोऽसि सर्वः ॥११-४०॥
सखेति मत्वा प्रसभं यदुक्तं हे कृष्ण हे यादव हे सखेति ।
अजानता महिमानं तवेदं मया प्रमादात्प्रणयेन वापि ॥११-४१॥
यच्चावहासार्थमसत्कृतोऽसि विहारशय्यासनभोजनेषु ।
एकोऽथवाप्यच्युत तत्समक्षं तत्क्षामये त्वामहमप्रमेयम् ॥११-४२॥
पितासि लोकस्य चराचरस्य त्वमस्य पूज्यश्च गुरुर्गरीयान् ।
न त्वत्समोऽस्त्यभ्यधिकः कुतोऽन्यो
लोकत्रयेऽप्यप्रतिमप्रभाव ॥११-४३॥

तस्मात्प्रणम्य प्रणिधाय कायं प्रसादये त्वामहमीशमीड्यम् ।
पितेव पुत्रस्य सखेव सख्युः प्रियः प्रियायार्हसि देव सोढुम् ॥ ११-४४॥
अदृष्टपूर्वं हृषितोऽस्मि दृष्ट्वा भयेन च प्रव्यथितं मनो मे ।
तदेव मे दर्शय देव रूपं प्रसीद देवेश जगन्निवास ॥ ११-४५॥
किरीटिनं गदिनं चक्रहस्तं इच्छामि त्वां द्रष्टुमहं तथैव ।
तेनैव रूपेण चतुर्भुजेन सहस्रबाहो भव विश्वमूर्ते ॥ ११-४६॥

श्रीभगवानुवाच --

मया प्रसन्नेन तवार्जुनेदं रूपं परं दर्शितमात्मयोगात् ।
तेजोमयं विश्वमनन्तमाद्यं यन्मे त्वदन्येन न दृष्टपूर्वम् ॥ ११-४७॥
न वेदयज्ञाध्ययनैर्न दानैर्न च क्रियाभिर्न तपोभिरुग्रैः ।
एवंरूपः शक्य अहं नृलोके द्रष्टुं त्वदन्येन कुरुप्रवीर ॥ ११-४८॥
मा ते व्यथा मा च विमूढभावो दृष्ट्वा रूपं घोरमीदृङ्ममेदम् ।
व्यपेतभीः प्रीतमनाः पुनस्त्वं तदेव मे रूपमिदं प्रपश्य ॥ ११-४९॥

सञ्जय उवाच --

इत्यर्जुनं वासुदेवस्तथोक्त्वा स्वकं रूपं दर्शयामास भूयः ।
आश्वासयामास च भीतमेनं भूत्वा पुनः सौम्यवपुर्महात्मा ॥ ११-५०॥

अर्जुन उवाच --

दृष्ट्वेदं मानुषं रूपं तव सौम्यं जनार्दन ।
इदानीमस्मि संवृत्तः सचेताः प्रकृतिं गतः ॥ ११-५१॥

श्रीभगवानुवाच --

सुदुर्दर्शमिदं रूपं दृष्टवानसि यन्मम ।
देवा अप्यस्य रूपस्य नित्यं दर्शनकाङ्क्षिणः ॥ ११-५२॥
नाहं वेदैर्न तपसा न दानेन न चेज्यया ।
शक्य एवंविधो द्रष्टुं दृष्टवानसि मां यथा ॥ ११-५३॥
भक्त्या त्वनन्यया शक्य अहमेवंविधोऽर्जुन ।
ज्ञातुं द्रष्टुं च तत्त्वेन प्रवेष्टुं च परन्तप ॥ ११-५४॥

मत्कर्मकृन्मत्परमो मद्भक्तः सङ्गवर्जितः ।
निर्वैरः सर्वभूतेषु यः स मामेति पाण्डव ॥ ११-५५ ॥

ॐ तत्सदिति श्रीमद्भगवद्गीतासूपनिषत्सु
ब्रह्मविद्यायां योगशास्त्रे श्रीकृष्णार्जुनसंवादे
विश्वरूपदर्शनयोगो नामैकादशोऽध्यायः ॥

~ॐ~ॐ~ॐ~ॐ~ॐ~ॐ~ ॐ~ ॐ~ ॐ~
~ॐ~ॐ~ॐ~ॐ~ॐ~ॐ~ ॐ~
~ॐ~ॐ~ॐ~ॐ~ॐ~
~ॐ~ॐ~ॐ~
~ॐ~

द्वादशोऽध्यायः - भक्तियोगः

अर्जुन उवाच --

एवं सततयुक्ता ये भक्तास्त्वां पर्युपासते ।
ये चाप्यक्षरमव्यक्तं तेषां के योगवित्तमाः ॥ १२-१ ॥

श्रीभगवानुवाच --

मय्यावेश्य मनो ये मां नित्ययुक्ता उपासते ।
श्रद्धया परयोपेताः ते मे युक्ततमा मताः ॥ १२-२ ॥
ये त्वक्षरमनिर्देश्यमव्यक्तं पर्युपासते ।
सर्वत्रगमचिन्त्यञ्च कूटस्थमचलन्ध्रुवम् ॥ १२-३ ॥
सन्नियम्येन्द्रियग्रामं सर्वत्र समबुद्धयः ।
ते प्राप्नुवन्ति मामेव सर्वभूतहिते रताः ॥ १२-४ ॥
क्लेशोऽधिकतरस्तेषामव्यक्तासक्तचेतसाम् ।
अव्यक्ता हि गतिर्दुःखं देहवद्भिरवाप्यते ॥ १२-५ ॥
ये तु सर्वाणि कर्माणि मयि संन्यस्य मत्पराः ।
अनन्येनैव योगेन मां ध्यायन्त उपासते ॥ १२-६ ॥

तेषामहं समुद्धर्ता मृत्युसंसारसागरात् ।
भवामि नचिरात्पार्थ मय्यावेशितचेतसाम् ॥१२-७॥
मय्येव मन आधत्स्व मयि बुद्धिं निवेशय ।
निवसिष्यसि मय्येव अत ऊर्ध्वं न संशयः ॥१२-८॥
अथ चित्तं समाधातुं न शक्नोषि मयि स्थिरम् ।
अभ्यासयोगेन ततो मामिच्छाप्तुं धनञ्जय ॥१२-९॥
अभ्यासेऽप्यसमर्थोऽसि मत्कर्मपरमो भव ।
मदर्थमपि कर्माणि कुर्वन्सिद्धिमवाप्स्यसि ॥१२-१०॥
अथैतदप्यशक्तोऽसि कर्तुं मद्योगमाश्रितः ।
सर्वकर्मफलत्यागं ततः कुरु यतात्मवान् ॥१२-११॥
श्रेयो हि ज्ञानमभ्यासाज्ज्ञानाद्ध्यानं विशिष्यते ।
ध्यानात्कर्मफलत्यागस्त्यागाच्छान्तिरनन्तरम् ॥१२-१२॥
अद्वेष्टा सर्वभूतानां मैत्रः करुण एव च ।
निर्ममो निरहङ्कारः समदुःखसुखः क्षमी ॥१२-१३॥
सन्तुष्टः सततं योगी यतात्मा दृढनिश्चयः ।
मय्यर्पितमनोबुद्धिर्यो मद्भक्तः स मे प्रियः ॥१२-१४॥
यस्मान्नोद्विजते लोको लोकान्नोद्विजते च यः ।
हर्षामर्षभयोद्वेगैर्मुक्तो यः स च मे प्रियः ॥१२-१५॥
अनपेक्षः शुचिर्दक्ष उदासीनो गतव्यथः ।
सर्वारम्भपरित्यागी यो मद्भक्तः स मे प्रियः ॥१२-१६॥
यो न हृष्यति न द्वेष्टि न शोचति न काङ्क्षति ।
शुभाशुभपरित्यागी भक्तिमान्यः स मे प्रियः ॥१२-१७॥
समः शत्रौ च मित्रे च तथा मानापमानयोः ।
शीतोष्णसुखदुःखेषु समः सङ्गविवर्जितः ॥१२-१८॥

तुल्यनिन्दास्तुतिर्मौनी सन्तुष्टो येन केनचित् ।
अनिकेतः स्थिरमतिर्भक्तिमान्मे प्रियो नरः ॥ १२-१९॥
ये तु धर्म्यामृतमिदं यथोक्तं पर्युपासते ।
श्रद्दधाना मत्परमा भक्तास्तेऽतीव मे प्रियाः ॥ १२-२०॥

ॐ तत्सदिति श्रीमद्भगवद्गीतासूपनिषत्सु
ब्रह्मविद्यायां योगशास्त्रे श्रीकृष्णार्जुनसंवादे
भक्तियोगो नाम द्वादशोऽध्यायः ॥

~ॐ~ॐ~ॐ~ॐ~ॐ~ॐ~ ॐ~ ॐ~ ॐ~
~ॐ~ॐ~ॐ~ॐ~ॐ~ॐ~ ॐ~
~ॐ~ॐ~ॐ~ॐ~ॐ~
~ॐ~ॐ~ॐ~
~ॐ~

त्रयोदशोऽध्यायः - क्षेत्रक्षेत्रज्ञविभागयोगः

श्रीभगवानुवाच --
इदं शरीरं कौन्तेय क्षेत्रमित्यभिधीयते ।
एतद्यो वेत्ति तं प्राहुः क्षेत्रज्ञ इति तद्विदः ॥ १३-१ ॥
क्षेत्रज्ञं चापि मां विद्धि सर्वक्षेत्रेषु भारत ।
क्षेत्रक्षेत्रज्ञयोर्ज्ञानं यत्तज्ज्ञानं मतं मम ॥ १३-२ ॥
तत्क्षेत्रं यच्च यादृक्च यद्विकारि यतश्च यत् ।
स च यो यत्प्रभावश्च तत्समासेन मे शृणु ॥ १३-३ ॥
ऋषिभिर्बहुधा गीतं छन्दोभिर्विविधैः पृथक् ।
ब्रह्मसूत्रपदैश्चैव हेतुमद्भिर्विनिश्चितैः ॥ १३-४ ॥
महाभूतान्यहङ्कारो बुद्धिरव्यक्तमेव च ।
इन्द्रियाणि दशैकं च पञ्च चेन्द्रियगोचराः ॥ १३-५ ॥
इच्छा द्वेषः सुखं दुःखं सङ्घातश्चेतना धृतिः ।
एतत्क्षेत्रं समासेन सविकारमुदाहृतम् ॥ १३-६ ॥

अमानित्वमदम्भित्वमहिंसा क्षान्तिरार्जवम् ।
आचार्योपासनं शौचं स्थैर्यमात्मविनिग्रहः ॥ १३-७॥
इन्द्रियार्थेषु वैराग्यमनहङ्कार एव च ।
जन्ममृत्युजराव्याधिदुःखदोषानुदर्शनम् ॥ १३-८॥
असक्तिरनभिष्वङ्गः पुत्रदारगृहादिषु ।
नित्यं च समचित्तत्वमिष्टानिष्टोपपत्तिषु ॥ १३-९॥
मयि चानन्ययोगेन भक्तिरव्यभिचारिणी ।
विविक्तदेशसेवित्वमरतिर्जनसंसदि ॥ १३-१०॥
अध्यात्मज्ञाननित्यत्वं तत्त्वज्ञानार्थदर्शनम् ।
एतज्ज्ञानमिति प्रोक्तमज्ञानं यदतोऽन्यथा ॥ १३-११॥
ज्ञेयं यत्तत्प्रवक्ष्यामि यज्ज्ञात्वामृतमश्नुते ।
अनादिमत्परं ब्रह्म न सत्तन्नासदुच्यते ॥ १३-१२॥
सर्वतः पाणिपादं तत्सर्वतोऽक्षिशिरोमुखम् ।
सर्वतः श्रुतिमल्लोके सर्वमावृत्य तिष्ठति ॥ १३-१३॥
सर्वेन्द्रियगुणाभासं सर्वेन्द्रियविवर्जितम् ।
असक्तं सर्वभृच्चैव निर्गुणं गुणभोक्तृ च ॥ १३-१४॥
बहिरन्तश्च भूतानामचरं चरमेव च ।
सूक्ष्मत्वात्तदविज्ञेयं दूरस्थं चान्तिके च तत् ॥ १३-१५॥
अविभक्तं च भूतेषु विभक्तमिव च स्थितम् ।
भूतभर्तृ च तज्ज्ञेयं ग्रसिष्णु प्रभविष्णु च ॥ १३-१६॥
ज्योतिषामपि तज्ज्योतिस्तमसः परमुच्यते ।
ज्ञानं ज्ञेयं ज्ञानगम्यं हृदि सर्वस्य विष्ठितम् ॥ १३-१७॥
इति क्षेत्रं तथा ज्ञानं ज्ञेयं चोक्तं समासतः ।
मद्भक्त एतद्विज्ञाय मद्भावायोपपद्यते ॥ १३-१८॥

११२

प्रकृतिं पुरुषं चैव विद्ध्यनादी उभावपि ।
विकारांश्च गुणांश्चैव विद्धि प्रकृतिसम्भवान् ॥ १३-१९ ॥
कार्यकारणकर्तृत्वे हेतुः प्रकृतिरुच्यते ।
पुरुषः सुखदुःखानां भोक्तृत्वे हेतुरुच्यते ॥ १३-२० ॥
पुरुषः प्रकृतिस्थो हि भुङ्क्ते प्रकृतिजान्गुणान् ।
कारणं गुणसङ्गोऽस्य सदसद्योनिजन्मसु ॥ १३-२१ ॥
उपद्रष्टानुमन्ता च भर्ता भोक्ता महेश्वरः ।
परमात्मेति चाप्युक्तो देहेऽस्मिन्पुरुषः परः ॥ १३-२२ ॥
य एवं वेत्ति पुरुषं प्रकृतिं च गुणैः सह ।
सर्वथा वर्तमानोऽपि न स भूयोऽभिजायते ॥ १३-२३ ॥
ध्यानेनात्मनि पश्यन्ति केचिदात्मानमात्मना ।
अन्ये साङ्ख्येन योगेन कर्मयोगेन चापरे ॥ १३-२४ ॥
अन्ये त्वेवमजानन्तः श्रुत्वान्येभ्य उपासते ।
तेऽपि चातितरन्त्येव मृत्युं श्रुतिपरायणाः ॥ १३-२५ ॥
यावत्सञ्जायते किञ्चित्सत्त्वं स्थावरजङ्गमम् ।
क्षेत्रक्षेत्रज्ञसंयोगात्तद्विद्धि भरतर्षभ ॥ १३-२६ ॥
समं सर्वेषु भूतेषु तिष्ठन्तं परमेश्वरम् ।
विनश्यत्स्वविनश्यन्तं यः पश्यति स पश्यति ॥ १३-२७ ॥
समं पश्यन्हि सर्वत्र समवस्थितमीश्वरम् ।
न हिनस्त्यात्मनात्मानं ततो याति परां गतिम् ॥ १३-२८ ॥
प्रकृत्यैव च कर्माणि क्रियमाणानि सर्वशः ।
यः पश्यति तथात्मानमकर्तारं स पश्यति ॥ १३-२९ ॥
यदा भूतपृथग्भावमेकस्थमनुपश्यति ।
तत एव च विस्तारं ब्रह्म सम्पद्यते तदा ॥ १३-३० ॥

अनादित्वान्निर्गुणत्वात्परमात्मायमव्ययः ।
शरीरस्थोऽपि कौन्तेय न करोति न लिप्यते ॥ १३-३१ ॥
यथा सर्वगतं सौक्ष्म्यादाकाशं नोपलिप्यते ।
सर्वत्रावस्थितो देहे तथात्मा नोपलिप्यते ॥ १३-३२ ॥
यथा प्रकाशयत्येकः कृत्स्नं लोकमिमं रविः ।
क्षेत्रं क्षेत्री तथा कृत्स्नं प्रकाशयति भारत ॥ १३-३३ ॥
क्षेत्रक्षेत्रज्ञयोरेवमन्तरं ज्ञानचक्षुषा ।
भूतप्रकृतिमोक्षं च ये विदुर्यान्ति ते परम् ॥ १३-३४ ॥

ॐ तत्सदिति श्रीमद्भगवद्गीतासूपनिषत्सु
ब्रह्मविद्यायां योगशास्त्रे श्रीकृष्णार्जुनसंवादे
क्षेत्रक्षेत्रज्ञविभागयोगो नाम त्रयोदशोऽध्यायः ॥

~ॐ~ॐ~ॐ~ॐ~ॐ~ॐ~ ॐ~ ॐ~ ॐ~
~ॐ~ॐ~ॐ~ॐ~ॐ~ॐ~ ॐ~
~ॐ~ॐ~ॐ~ॐ~ॐ~
~ॐ~ॐ~ॐ~
~ॐ~

चतुर्दशोऽध्यायः - गुणत्रयविभागयोगः

श्रीभगवानुवाच --

परं भूयः प्रवक्ष्यामि ज्ञानानां ज्ञानमुत्तमम् ।
यज्ज्ञात्वा मुनयः सर्वे परां सिद्धिमितो गताः ॥ १४-१ ॥
इदं ज्ञानमुपाश्रित्य मम साधर्म्यमागताः ।
सर्गेऽपि नोपजायन्ते प्रलये न व्यथन्ति च ॥ १४-२ ॥
मम योनिर्महद्ब्रह्म तस्मिन्गर्भं दधाम्यहम् ।
सम्भवः सर्वभूतानां ततो भवति भारत ॥ १४-३ ॥
सर्वयोनिषु कौन्तेय मूर्तयः सम्भवन्ति याः ।
तासां ब्रह्म महद्योनिरहं बीजप्रदः पिता ॥ १४-४ ॥

सत्त्वं रजस्तम इति गुणाः प्रकृतिसम्भवाः ।
निबध्नन्ति महाबाहो देहे देहिनमव्ययम् ॥१४-५॥
तत्र सत्त्वं निर्मलत्वात्प्रकाशकमनामयम् ।
सुखसङ्गेन बध्नाति ज्ञानसङ्गेन चानघ ॥१४-६॥
रजो रागात्मकं विद्धि तृष्णासङ्गसमुद्भवम् ।
तन्निबध्नाति कौन्तेय कर्मसङ्गेन देहिनम् ॥१४-७॥
तमस्त्वज्ञानजं विद्धि मोहनं सर्वदेहिनाम् ।
प्रमादालस्यनिद्राभिस्तन्निबध्नाति भारत ॥१४-८॥
सत्त्वं सुखे सञ्जयति रजः कर्मणि भारत ।
ज्ञानमावृत्य तु तमः प्रमादे सञ्जयत्युत ॥१४-९॥
रजस्तमश्चाभिभूय सत्त्वं भवति भारत ।
रजः सत्त्वं तमश्चैव तमः सत्त्वं रजस्तथा ॥१४-१०॥
सर्वद्वारेषु देहेऽस्मिन्प्रकाश उपजायते ।
ज्ञानं यदा तदा विद्याद्विवृद्धं सत्त्वमित्युत ॥१४-११॥
लोभः प्रवृत्तिरारम्भः कर्मणामशमः स्पृहा ।
रजस्येतानि जायन्ते विवृद्धे भरतर्षभ ॥१४-१२॥
अप्रकाशोऽप्रवृत्तिश्च प्रमादो मोह एव च ।
तमस्येतानि जायन्ते विवृद्धे कुरुनन्दन ॥१४-१३॥
यदा सत्त्वे प्रवृद्धे तु प्रलयं याति देहभृत् ।
तदोत्तमविदां लोकानमलान्प्रतिपद्यते ॥१४-१४॥
रजसि प्रलयं गत्वा कर्मसङ्गिषु जायते ।
तथा प्रलीनस्तमसि मूढयोनिषु जायते ॥१४-१५॥

कर्मणः सुकृतस्याहुः सात्त्विकं निर्मलं फलम् ।
रजसस्तु फलं दुःखमज्ञानं तमसः फलम् ॥१४-१६॥
सत्त्वात्सञ्जायते ज्ञानं रजसो लोभ एव च ।
प्रमादमोहौ तमसो भवतोऽज्ञानमेव च ॥१४-१७॥
ऊर्ध्वं गच्छन्ति सत्त्वस्था मध्ये तिष्ठन्ति राजसाः ।
जघन्यगुणवृत्तिस्था अधो गच्छन्ति तामसाः ॥१४-१८॥
नान्यं गुणेभ्यः कर्तारं यदा द्रष्टानुपश्यति ।
गुणेभ्यश्च परं वेत्ति मद्भावं सोऽधिगच्छति ॥१४-१९॥
गुणानेतानतीत्य त्रीन्देही देहसमुद्भवान् ।
जन्ममृत्युजरादुःखैर्विमुक्तोऽमृतमश्नुते ॥१४-२०॥

अर्जुन उवाच --

कैर्लिङ्गैस्त्रीन्गुणानेतानतीतो भवति प्रभो ।
किमाचारः कथं चैतांस्त्रीन्गुणानतिवर्तते ॥१४-२१॥

श्रीभगवानुवाच --

प्रकाशं च प्रवृत्तिं च मोहमेव च पाण्डव ।
न द्वेष्टि सम्प्रवृत्तानि न निवृत्तानि काङ्क्षति ॥१४-२२॥
उदासीनवदासीनो गुणैर्यो न विचाल्यते ।
गुणा वर्तन्त इत्येवं योऽवतिष्ठति नेङ्गते ॥१४-२३॥
समदुःखसुखः स्वस्थः समलोष्टाश्मकाञ्चनः ।
तुल्यप्रियाप्रियो धीरस्तुल्यनिन्दात्मसंस्तुतिः ॥१४-२४॥
मानापमानयोस्तुल्यस्तुल्यो मित्रारिपक्षयोः ।
सर्वारम्भपरित्यागी गुणातीतः स उच्यते ॥१४-२५॥
मां च योऽव्यभिचारेण भक्तियोगेन सेवते ।
स गुणान्समतीत्यैतान्ब्रह्मभूयाय कल्पते ॥१४-२६॥

११५

ब्रह्मणो हि प्रतिष्ठाहममृतस्याव्ययस्य च ।
शाश्वतस्य च धर्मस्य सुखस्यैकान्तिकस्य च ॥ १४-२७ ॥

ॐ तत्सदिति श्रीमद्भगवद्गीतासूपनिषत्सु
ब्रह्मविद्यायां योगशास्त्रे श्रीकृष्णार्जुनसंवादे
गुणत्रयविभागयोगो नाम चतुर्दशोऽध्यायः ॥

~ॐ~ॐ~ॐ~ॐ~ॐ~ॐ~ ॐ~ ॐ~ ॐ~

~ॐ~ॐ~ॐ~ॐ~ॐ~ॐ~ ॐ~

~ॐ~ॐ~ॐ~ॐ~ॐ~

~ॐ~ॐ~ॐ~

~ॐ~

पञ्चदशोऽध्यायः - पुरुषोत्तमयोगः

श्रीभगवानुवाच --
ऊर्ध्वमूलमधःशाखमश्वत्थं प्राहुरव्ययम् ।
छन्दांसि यस्य पर्णानि यस्तं वेद स वेदवित् ॥ १५-१ ॥
अधश्चोर्ध्वं प्रसृतास्तस्य शाखा गुणप्रवृद्धा विषयप्रवालाः ।
अधश्च मूलान्यनुसन्ततानि कर्मानुबन्धीनि मनुष्यलोके ॥ १५-२ ॥
न रूपमस्येह तथोपलभ्यते नान्तो न चादिर्न च सम्प्रतिष्ठा ।
अश्वत्थमेनं सुविरूढमूलं असङ्गशस्त्रेण दृढेन छित्त्वा ॥ १५-३ ॥
ततः पदं तत्परिमार्गितव्यं यस्मिन्गता न निवर्तन्ति भूयः ।
तमेव चाद्यं पुरुषं प्रपद्ये यतः प्रवृत्तिः प्रसृता पुराणी ॥ १५-४ ॥
निर्मानमोहा जितसङ्गदोषा अध्यात्मनित्या विनिवृत्तकामाः ।
द्वन्द्वैर्विमुक्ताः सुखदुःखसंज्ञैर्गच्छन्त्यमूढाः पदमव्ययं तत् ॥ १५-५ ॥
न तद्भासयते सूर्यो न शशाङ्को न पावकः ।
यद्गत्वा न निवर्तन्ते तद्धाम परमं मम ॥ १५-६ ॥

ममैवांशो जीवलोके जीवभूतः सनातनः ।
मनःषष्ठानीन्द्रियाणि प्रकृतिस्थानि कर्षति ॥ १५-७ ॥
शरीरं यदवाप्नोति यच्चाप्युत्क्रामतीश्वरः ।
गृहीत्वैतानि संयाति वायुर्गन्धानिवाशयात् ॥ १५-८ ॥
श्रोत्रं चक्षुः स्पर्शनं च रसनं घ्राणमेव च ।
अधिष्ठाय मनश्चायं विषयानुपसेवते ॥ १५-९ ॥
उत्क्रामन्तं स्थितं वापि भुञ्जानं वा गुणान्वितम् ।
विमूढा नानुपश्यन्ति पश्यन्ति ज्ञानचक्षुषः ॥ १५-१० ॥
यतन्तो योगिनश्चैनं पश्यन्त्यात्मन्यवस्थितम् ।
यतन्तोऽप्यकृतात्मानो नैनं पश्यन्त्यचेतसः ॥ १५-११ ॥
यदादित्यगतं तेजो जगद्भासयतेऽखिलम् ।
यच्चन्द्रमसि यच्चाग्नौ तत्तेजो विद्धि मामकम् ॥ १५-१२ ॥
गामाविश्य च भूतानि धारयाम्यहमोजसा ।
पुष्णामि चौषधीः सर्वाः सोमो भूत्वा रसात्मकः ॥ १५-१३ ॥
अहं वैश्वानरो भूत्वा प्राणिनां देहमाश्रितः ।
प्राणापानसमायुक्तः पचाम्यन्नं चतुर्विधम् ॥ १५-१४ ॥
सर्वस्य चाहं हृदि सन्निविष्टो मत्तः स्मृतिर्ज्ञानमपोहनञ्च ।
वेदैश्च सर्वैरहमेव वेद्यो वेदान्तकृद्वेदविदेव चाहम् ॥ १५-१५ ॥
द्वाविमौ पुरुषौ लोके क्षरश्चाक्षर एव च ।
क्षरः सर्वाणि भूतानि कूटस्थोऽक्षर उच्यते ॥ १५-१६ ॥
उत्तमः पुरुषस्त्वन्यः परमात्मेत्युदाहृतः ।
यो लोकत्रयमाविश्य बिभर्त्यव्यय ईश्वरः ॥ १५-१७ ॥
यस्मात्क्षरमतीतोऽहमक्षरादपि चोत्तमः ।
अतोऽस्मि लोके वेदे च प्रथितः पुरुषोत्तमः ॥ १५-१८ ॥

यो मामेवमसम्मूढो जानाति पुरुषोत्तमम् ।
स सर्वविद्भजति मां सर्वभावेन भारत ॥ १५-१९ ॥
इति गुह्यतमं शास्त्रमिदमुक्तं मयानघ ।
एतद्बुद्ध्वा बुद्धिमान्स्यात्कृतकृत्यश्च भारत ॥ १५-२० ॥

ॐ तत्सदिति श्रीमद्भगवद्गीतासूपनिषत्सु
ब्रह्मविद्यायां योगशास्त्रे श्रीकृष्णार्जुनसंवादे
पुरुषोत्तमयोगो नाम पञ्चदशोऽध्यायः ॥

~ॐ~ॐ~ॐ~ॐ~ॐ~ॐ~ ॐ~ ॐ~ ॐ~
~ॐ~ॐ~ॐ~ॐ~ॐ~ॐ~ ॐ~
~ॐ~ॐ~ॐ~ॐ~ॐ~
~ॐ~ॐ~ॐ~
~ॐ~

षोडशोऽध्यायः - दैवासुरसम्पद्विभागयोगः

श्रीभगवानुवाच --

अभयं सत्त्वसंशुद्धिर्ज्ञानयोगव्यवस्थितिः ।
दानं दमश्च यज्ञश्च स्वाध्यायस्तप आर्जवम् ॥ १६-१ ॥
अहिंसा सत्यमक्रोधस्त्यागः शान्तिरपैशुनम् ।
दया भूतेष्वलोलुप्त्वं मार्दवं ह्रीरचापलम् ॥ १६-२ ॥
तेजः क्षमा धृतिः शौचमद्रोहो नातिमानिता ।
भवन्ति सम्पदं दैवीमभिजातस्य भारत ॥ १६-३ ॥
दम्भो दर्पोऽभिमानश्च क्रोधः पारुष्यमेव च ।
अज्ञानं चाभिजातस्य पार्थ सम्पदमासुरीम् ॥ १६-४ ॥
दैवी सम्पद्विमोक्षाय निबन्धायासुरी मता ।
मा शुचः सम्पदं दैवीमभिजातोऽसि पाण्डव ॥ १६-५ ॥
द्वौ भूतसर्गौ लोकेऽस्मिन्दैव आसुर एव च ।
दैवो विस्तरशः प्रोक्त आसुरं पार्थ मे शृणु ॥ १६-६ ॥

प्रवृत्तिं च निवृत्तिं च जना न विदुरासुराः ।
न शौचं नापि चाचारो न सत्यं तेषु विद्यते ॥ १६-७ ॥

असत्यमप्रतिष्ठं ते जगदाहुरनीश्वरम् ।
अपरस्परसम्भूतं किमन्यत्कामहैतुकम् ॥ १६-८ ॥

एतां दृष्टिमवष्टभ्य नष्टात्मानोऽल्पबुद्धयः ।
प्रभवन्त्युग्रकर्माणः क्षयाय जगतोऽहिताः ॥ १६-९ ॥

काममाश्रित्य दुष्पूरं दम्भमानमदान्विताः ।
मोहाद्गृहीत्वासद्ग्राहान्प्रवर्तन्तेऽशुचिव्रताः ॥ १६-१० ॥

चिन्तामपरिमेयां च प्रलयान्तामुपाश्रिताः ।
कामोपभोगपरमा एतावदिति निश्चिताः ॥ १६-११ ॥

आशापाशशतैर्बद्धाः कामक्रोधपरायणाः ।
ईहन्ते कामभोगार्थमन्यायेनार्थसञ्चयान् ॥ १६-१२ ॥

इदमद्य मया लब्धमिमं प्राप्स्ये मनोरथम् ।
इदमस्तीदमपि मे भविष्यति पुनर्धनम् ॥ १६-१३ ॥

असौ मया हतः शत्रुर्हनिष्ये चापरानपि ।
ईश्वरोऽहमहं भोगी सिद्धोऽहं बलवान्सुखी ॥ १६-१४ ॥

आढ्योऽभिजनवानस्मि कोऽन्योऽस्ति सदृशो मया ।
यक्ष्ये दास्यामि मोदिष्य इत्यज्ञानविमोहिताः ॥ १६-१५ ॥

अनेकचित्तविभ्रान्ता मोहजालसमावृताः ।
प्रसक्ताः कामभोगेषु पतन्ति नरकेऽशुचौ ॥ १६-१६ ॥

आत्मसम्भाविताः स्तब्धा धनमानमदान्विताः ।
यजन्ते नामयज्ञैस्ते दम्भेनाविधिपूर्वकम् ॥ १६-१७ ॥

अहङ्कारं बलं दर्पं कामं क्रोधं च संश्रिताः ।
मामात्मपरदेहेषु प्रद्विषन्तोऽभ्यसूयकाः ॥ १६-१८ ॥

तानहं द्विषतः क्रूरान्संसारेषु नराधमान् ।
क्षिपाम्यजस्रमशुभानासुरीष्वेव योनिषु ॥ १६-१९ ॥
आसुरीं योनिमापन्ना मूढा जन्मनि जन्मनि ।
मामप्राप्यैव कौन्तेय ततो यान्त्यधमां गतिम् ॥ १६-२० ॥
त्रिविधं नरकस्येदं द्वारं नाशनमात्मनः ।
कामः क्रोधस्तथा लोभस्तस्मादेतत्त्रयं त्यजेत् ॥ १६-२१ ॥
एतैर्विमुक्तः कौन्तेय तमोद्वारैस्त्रिभिर्नरः ।
आचरत्यात्मनः श्रेयस्ततो याति परां गतिम् ॥ १६-२२ ॥
यः शास्त्रविधिमुत्सृज्य वर्तते कामकारतः ।
न स सिद्धिमवाप्नोति न सुखं न परां गतिम् ॥ १६-२३ ॥
तस्माच्छास्त्रं प्रमाणं ते कार्याकार्यव्यवस्थितौ ।
ज्ञात्वा शास्त्रविधानोक्तं कर्म कर्तुमिहार्हसि ॥ १६-२४ ॥

ॐ तत्सदिति श्रीमद्भगवद्गीतासूपनिषत्सु
ब्रह्मविद्यायां योगशास्त्रे श्रीकृष्णार्जुनसंवादे
दैवासुरसम्पद्विभागयोगो नाम षोडशोऽध्यायः ॥

~ॐ~ॐ~ॐ~ॐ~ॐ~ॐ~ ॐ~ ॐ~ ॐ~

~ॐ~ॐ~ॐ~ॐ~ॐ~ॐ~ ॐ~

~ॐ~ॐ~ॐ~ॐ~ॐ~

~ॐ~ॐ~ॐ~

~ॐ~

सप्तदशोऽध्यायः - श्रद्धात्रयविभागयोगः

अर्जुन उवाच --

ये शास्त्रविधिमुत्सृज्य यजन्ते श्रद्धयान्विताः ।

तेषां निष्ठा तु का कृष्ण सत्त्वमाहो रजस्तमः ॥ १७-१ ॥

श्रीभगवानुवाच --

त्रिविधा भवति श्रद्धा देहिनां सा स्वभावजा ।

सात्त्विकी राजसी चैव तामसी चेति तां श्रृणु ॥ १७-२ ॥

सत्त्वानुरूपा सर्वस्य श्रद्धा भवति भारत ।

श्रद्धामयोऽयं पुरुषो यो यच्छ्रद्धः स एव सः ॥ १७-३ ॥

यजन्ते सात्त्विका देवान्यक्षरक्षांसि राजसाः ।

प्रेतान्भूतगणांश्चान्ये यजन्ते तामसा जनाः ॥ १७-४ ॥

अशास्त्रविहितं घोरं तप्यन्ते ये तपो जनाः ।

दम्भाहङ्कारसंयुक्ताः कामरागबलान्विताः ॥ १७-५ ॥

कर्षयन्तः शरीरस्थं भूतग्राममचेतसः ।

मां चैवान्तःशरीरस्थं तान्विद्ध्यासुरनिश्चयान् ॥ १७-६ ॥

आहारस्त्वपि सर्वस्य त्रिविधो भवति प्रियः ।

यज्ञस्तपस्तथा दानं तेषां भेदमिमं श्रृणु ॥ १७-७ ॥

आयुःसत्त्वबलारोग्यसुखप्रीतिविवर्धनाः ।

रस्याः स्निग्धाः स्थिरा हृद्या आहाराः सात्त्विकप्रियाः ॥ १७-८ ॥

कट्वम्ललवणात्युष्णतीक्ष्णरूक्षविदाहिनः ।

आहारा राजसस्येष्टा दुःखशोकामयप्रदाः ॥ १७-९ ॥

यातयामं गतरसं पूति पर्युषितं च यत् ।

उच्छिष्टमपि चामेध्यं भोजनं तामसप्रियम् ॥ १७-१० ॥

अफलाकाङ्क्षिभिर्यज्ञो विधिदृष्टो य इज्यते ।

यष्टव्यमेवेति मनः समाधाय स सात्त्विकः ॥ १७-११ ॥

अभिसन्धाय तु फलं दम्भार्थमपि चैव यत् ।
इज्यते भरतश्रेष्ठ तं यज्ञं विद्धि राजसम् ॥ १७-१२ ॥
विधिहीनमसृष्टान्नं मन्त्रहीनमदक्षिणम् ।
श्रद्धाविरहितं यज्ञं तामसं परिचक्षते ॥ १७-१३ ॥
देवद्विजगुरुप्राज्ञपूजनं शौचमार्जवम् ।
ब्रह्मचर्यमहिंसा च शारीरं तप उच्यते ॥ १७-१४ ॥
अनुद्वेगकरं वाक्यं सत्यं प्रियहितं च यत् ।
स्वाध्यायाभ्यसनं चैव वाङ्मयं तप उच्यते ॥ १७-१५ ॥
मनः प्रसादः सौम्यत्वं मौनमात्मविनिग्रहः ।
भावसंशुद्धिरित्येतत्तपो मानसमुच्यते ॥ १७-१६ ॥
श्रद्धया परया तप्तं तपस्तत्त्रिविधं नरैः ।
अफलाकाङ्क्षिभिर्युक्तैः सात्त्विकं परिचक्षते ॥ १७-१७ ॥
सत्कारमानपूजार्थं तपो दम्भेन चैव यत् ।
क्रियते तदिह प्रोक्तं राजसं चलमध्रुवम् ॥ १७-१८ ॥
मूढग्राहेणात्मनो यत्पीडया क्रियते तपः ।
परस्योत्सादनार्थं वा तत्तामसमुदाहृतम् ॥ १७-१९ ॥
दातव्यमिति यद्दानं दीयतेऽनुपकारिणे ।
देशे काले च पात्रे च तद्दानं सात्त्विकं स्मृतम् ॥ १७-२० ॥
यत्तु प्रत्युपकारार्थं फलमुद्दिश्य वा पुनः ।
दीयते च परिक्लिष्टं तद्दानं राजसं स्मृतम् ॥ १७-२१ ॥
अदेशकाले यद्दानमपात्रेभ्यश्च दीयते ।
असत्कृतमवज्ञातं तत्तामसमुदाहृतम् ॥ १७-२२ ॥
ॐतत्सदिति निर्देशो ब्रह्मणस्त्रिविधः स्मृतः ।
ब्राह्मणास्तेन वेदाश्च यज्ञाश्च विहिताः पुरा ॥ १७-२३ ॥

तस्मादोमित्युदाहृत्य यज्ञदानतपःक्रियाः ।
प्रवर्तन्ते विधानोक्ताः सततं ब्रह्मवादिनाम् ॥ १७-२४ ॥
तदित्यनभिसन्धाय फलं यज्ञतपःक्रियाः ।
दानक्रियाश्च विविधाः क्रियन्ते मोक्षकाङ्क्षिभिः ॥ १७-२५ ॥
सद्भावे साधुभावे च सदित्येतत्प्रयुज्यते ।
प्रशस्ते कर्मणि तथा सच्छब्दः पार्थ युज्यते ॥ १७-२६ ॥
यज्ञे तपसि दाने च स्थितिः सदिति चोच्यते ।
कर्म चैव तदर्थीयं सदित्येवाभिधीयते ॥ १७-२७ ॥
अश्रद्धया हुतं दत्तं तपस्तप्तं कृतं च यत् ।
असदित्युच्यते पार्थ न च तत्प्रेत्य नो इह ॥ १७-२८ ॥

ॐ तत्सदिति श्रीमद्भगवद्गीतासूपनिषत्सु
ब्रह्मविद्यायां योगशास्त्रे श्रीकृष्णार्जुनसंवादे
श्रद्धात्रयविभागयोगो नाम सप्तदशोऽध्यायः ॥

~ॐ~ॐ~ॐ~ॐ~ॐ~ॐ~ॐ~ॐ~
~ॐ~ॐ~ॐ~ॐ~ॐ~ॐ~ॐ~
~ॐ~ॐ~ॐ~ॐ~ॐ~
~ॐ~ॐ~ॐ~
~ॐ~

अष्टादशोऽध्यायः :- मोक्षसंन्यासयोगः

अर्जुन उवाच --
संन्यासस्य महाबाहो तत्त्वमिच्छामि वेदितुम् ।
त्यागस्य च हृषीकेश पृथक्केशिनिषूदन ॥ १८-१ ॥

श्रीभगवानुवाच --
काम्यानां कर्मणां न्यासं संन्यासं कवयो विदुः ।
सर्वकर्मफलत्यागं प्राहुस्त्यागं विचक्षणाः ॥ १८-२ ॥
त्याज्यं दोषवदित्येके कर्म प्राहुर्मनीषिणः ।
यज्ञदानतपःकर्म न त्याज्यमिति चापरे ॥ १८-३ ॥

निश्चयं शृणु मे तत्र त्यागे भरतसत्तम ।
त्यागो हि पुरुषव्याघ्र त्रिविधः सम्प्रकीर्तितः ॥ १८-४ ॥
यज्ञदानतपःकर्म न त्याज्यं कार्यमेव तत् ।
यज्ञो दानं तपश्चैव पावनानि मनीषिणाम् ॥ १८-५ ॥
एतान्यपि तु कर्माणि सङ्गं त्यक्त्वा फलानि च ।
कर्तव्यानीति मे पार्थ निश्चितं मतमुत्तमम् ॥ १८-६ ॥
नियतस्य तु संन्यासः कर्मणो नोपपद्यते ।
मोहात्तस्य परित्यागस्तामसः परिकीर्तितः ॥ १८-७ ॥
दुःखमित्येव यत्कर्म कायक्लेशभयात्त्यजेत् ।
स कृत्वा राजसं त्यागं नैव त्यागफलं लभेत् ॥ १८-८ ॥
कार्यमित्येव यत्कर्म नियतं क्रियतेऽर्जुन ।
सङ्गं त्यक्त्वा फलं चैव स त्यागः सात्त्विको मतः ॥ १८-९ ॥
न द्वेष्ट्यकुशलं कर्म कुशले नानुषज्जते ।
त्यागी सत्त्वसमाविष्टो मेधावी छिन्नसंशयः ॥ १८-१० ॥
न हि देहभृता शक्यं त्यक्तुं कर्माण्यशेषतः ।
यस्तु कर्मफलत्यागी स त्यागीत्यभिधीयते ॥ १८-११ ॥
अनिष्टमिष्टं मिश्रं च त्रिविधं कर्मणः फलम् ।
भवत्यत्यागिनां प्रेत्य न तु संन्यासिनां क्वचित् ॥ १८-१२ ॥
पञ्चैतानि महाबाहो कारणानि निबोध मे ।
साङ्ख्ये कृतान्ते प्रोक्तानि सिद्धये सर्वकर्मणाम् ॥ १८-१३ ॥
अधिष्ठानं तथा कर्ता करणं च पृथग्विधम् ।
विविधाश्च पृथक्चेष्टा दैवं चैवात्र पञ्चमम् ॥ १८-१४ ॥
शरीरवाङ्मनोभिर्यत्कर्म प्रारभते नरः ।
न्याय्यं वा विपरीतं वा पञ्चैते तस्य हेतवः ॥ १८-१५ ॥
तत्रैवं सति कर्तारमात्मानं केवलं तु यः ।

पश्यत्यकृतबुद्धित्वान्न स पश्यति दुर्मतिः ॥ १८-१६ ॥
यस्य नाहङ्कृतो भावो बुद्धिर्यस्य न लिप्यते ।
हत्वाऽपि स इमाँल्लोकान्न हन्ति न निबध्यते ॥ १८-१७ ॥
ज्ञानं ज्ञेयं परिज्ञाता त्रिविधा कर्मचोदना ।
करणं कर्म कर्तेति त्रिविधः कर्मसङ्ग्रहः ॥ १८-१८ ॥
ज्ञानं कर्म च कर्ता च त्रिधैव गुणभेदतः ।
प्रोच्यते गुणसङ्ख्याने यथावच्छृणु तान्यपि ॥ १८-१९ ॥
सर्वभूतेषु येनैकं भावमव्ययमीक्षते ।
अविभक्तं विभक्तेषु तज्ज्ञानं विद्धि सात्त्विकम् ॥ १८-२० ॥
पृथक्त्वेन तु यज्ज्ञानं नानाभावान्पृथग्विधान् ।
वेत्ति सर्वेषु भूतेषु तज्ज्ञानं विद्धि राजसम् ॥ १८-२१ ॥
यत्तु कृत्स्नवदेकस्मिन्कार्ये सक्तमहैतुकम् ।
अतत्त्वार्थवदल्पं च तत्तामसमुदाहृतम् ॥ १८-२२ ॥
नियतं सङ्गरहितमरागद्वेषतः कृतम् ।
अफलप्रेप्सुना कर्म यत्तत्सात्त्विकमुच्यते ॥ १८-२३ ॥
यत्तु कामेप्सुना कर्म साहङ्कारेण वा पुनः ।
क्रियते बहुलायासं तद्राजसमुदाहृतम् ॥ १८-२४ ॥
अनुबन्धं क्षयं हिंसामनपेक्ष्य च पौरुषम् ।
मोहादारभ्यते कर्म यत्तत्तामसमुच्यते ॥ १८-२५ ॥
मुक्तसङ्गोऽनहंवादी धृत्युत्साहसमन्वितः ।
सिद्ध्यसिद्ध्योर्निर्विकारः कर्ता सात्त्विक उच्यते ॥ १८-२६ ॥
रागी कर्मफलप्रेप्सुर्लुब्धो हिंसात्मकोऽशुचिः ।
हर्षशोकान्वितः कर्ता राजसः परिकीर्तितः ॥ १८-२७ ॥
अयुक्तः प्राकृतः स्तब्धः शठो नैष्कृतिकोऽलसः ।
विषादी दीर्घसूत्री च कर्ता तामस उच्यते ॥ १८-२८ ॥

बुद्धेर्भेदं धृतेश्चैव गुणतस्त्रिविधं शृणु ।
प्रोच्यमानमशेषेण पृथक्त्वेन धनञ्जय ॥१८-२९॥
प्रवृत्तिं च निवृत्तिं च कार्याकार्ये भयाभये ।
बन्धं मोक्षं च या वेत्ति बुद्धिः सा पार्थ सात्त्विकी ॥१८-३०॥
यया धर्ममधर्मं च कार्यं चाकार्यमेव च ।
अयथावत्प्रजानाति बुद्धिः सा पार्थ राजसी ॥१८-३१॥
अधर्मं धर्ममिति या मन्यते तमसावृता ।
सर्वार्थान्विपरीतांश्च बुद्धिः सा पार्थ तामसी ॥१८-३२॥
धृत्या यया धारयते मनःप्राणेन्द्रियक्रियाः ।
योगेनाव्यभिचारिण्या धृतिः सा पार्थ सात्त्विकी ॥१८-३३॥
यया तु धर्मकामार्थान्धृत्या धारयतेऽर्जुन ।
प्रसङ्गेन फलाकाङ्क्षी धृतिः सा पार्थ राजसी ॥१८-३४॥
यया स्वप्नं भयं शोकं विषादं मदमेव च ।
न विमुञ्चति दुर्मेधा धृतिः सा पार्थ तामसी ॥१८-३५॥
सुखं त्विदानीं त्रिविधं शृणु मे भरतर्षभ ।
अभ्यासाद्रमते यत्र दुःखान्तं च निगच्छति ॥१८-३६॥
यत्तदग्रे विषमिव परिणामेऽमृतोपमम् ।
तत्सुखं सात्त्विकं प्रोक्तमात्मबुद्धिप्रसादजम् ॥१८-३७॥
विषयेन्द्रियसंयोगाद्यत्तदग्रेऽमृतोपमम् ।
परिणामे विषमिव तत्सुखं राजसं स्मृतम् ॥१८-३८॥
यदग्रे चानुबन्धे च सुखं मोहनमात्मनः ।
निद्रालस्यप्रमादोत्थं तत्तामसमुदाहृतम् ॥१८-३९॥
न तदस्ति पृथिव्यां वा दिवि देवेषु वा पुनः ।
सत्त्वं प्रकृतिजैर्मुक्तं यदेभिः स्यात्त्रिभिर्गुणैः ॥१८-४०॥
ब्राह्मणक्षत्रियविशां शूद्राणां च परन्तप ।

कर्माणि प्रविभक्तानि स्वभावप्रभवैर्गुणैः ॥ १८-४१ ॥
शमो दमस्तपः शौचं क्षान्तिरार्जवमेव च ।
ज्ञानं विज्ञानमास्तिक्यं ब्रह्मकर्म स्वभावजम् ॥ १८-४२ ॥
शौर्यं तेजो धृतिर्दाक्ष्यं युद्धे चाप्यपलायनम् ।
दानमीश्वरभावश्च क्षात्रं कर्म स्वभावजम् ॥ १८-४३ ॥
कृषिगौरक्ष्यवाणिज्यं वैश्यकर्म स्वभावजम् ।
परिचर्यात्मकं कर्म शूद्रस्यापि स्वभावजम् ॥ १८-४४ ॥
स्वे स्वे कर्मण्यभिरतः संसिद्धिं लभते नरः ।
स्वकर्मनिरतः सिद्धिं यथा विन्दति तच्छृणु ॥ १८-४५ ॥
यतः प्रवृत्तिर्भूतानां येन सर्वमिदं ततम् ।
स्वकर्मणा तमभ्यर्च्य सिद्धिं विन्दति मानवः ॥ १८-४६ ॥
श्रेयान्स्वधर्मो विगुणः परधर्मात्स्वनुष्ठितात् ।
स्वभावनियतं कर्म कुर्वन्नाप्नोति किल्बिषम् ॥ १८-४७ ॥
सहजं कर्म कौन्तेय सदोषमपि न त्यजेत् ।
सर्वारम्भा हि दोषेण धूमेनाग्निरिवावृताः ॥ १८-४८ ॥
असक्तबुद्धिः सर्वत्र जितात्मा विगतस्पृहः ।
नैष्कर्म्यसिद्धिं परमां संन्यासेनाधिगच्छति ॥ १८-४९ ॥
सिद्धिं प्राप्तो यथा ब्रह्म तथाप्नोति निबोध मे ।
समासेनैव कौन्तेय निष्ठा ज्ञानस्य या परा ॥ १८-५० ॥
बुद्ध्या विशुद्धया युक्तो धृत्यात्मानं नियम्य च ।
शब्दादीन्विषयांस्त्यक्त्वा रागद्वेषौ व्युदस्य च ॥ १८-५१ ॥
विविक्तसेवी लघ्वाशी यतवाक्कायमानसः ।
ध्यानयोगपरो नित्यं वैराग्यं समुपाश्रितः ॥ १८-५२ ॥
अहङ्कारं बलं दर्पं कामं क्रोधं परिग्रहम् ।
विमुच्य निर्ममः शान्तो ब्रह्मभूयाय कल्पते ॥ १८-५३ ॥

ब्रह्मभूतः प्रसन्नात्मा न शोचति न काङ्क्षति ।
समः सर्वेषु भूतेषु मद्भक्तिं लभते पराम् ॥१८-५४॥
भक्त्या मामभिजानाति यावान्यश्चास्मि तत्त्वतः ।
ततो मां तत्त्वतो ज्ञात्वा विशते तदनन्तरम् ॥१८-५५॥
सर्वकर्माण्यपि सदा कुर्वाणो मद्व्यपाश्रयः ।
मत्प्रसादादवाप्नोति शाश्वतं पदमव्ययम् ॥१८-५६॥
चेतसा सर्वकर्माणि मयि संन्यस्य मत्परः ।
बुद्धियोगमुपाश्रित्य मच्चित्तः सततं भव ॥१८-५७॥
मच्चित्तः सर्वदुर्गाणि मत्प्रसादात्तरिष्यसि ।
अथ चेत्त्वमहङ्कारान्न श्रोष्यसि विनङ्क्ष्यसि ॥१८-५८॥
यदहङ्कारमाश्रित्य न योत्स्य इति मन्यसे ।
मिथ्यैष व्यवसायस्ते प्रकृतिस्त्वां नियोक्ष्यति ॥१८-५९॥
स्वभावजेन कौन्तेय निबद्धः स्वेन कर्मणा ।
कर्तुं नेच्छसि यन्मोहात्करिष्यस्यवशोऽपि तत् ॥१८-६०॥
ईश्वरः सर्वभूतानां हृद्देशेऽर्जुन तिष्ठति ।
भ्रामयन्सर्वभूतानि यन्त्रारूढानि मायया ॥१८-६१॥
तमेव शरणं गच्छ सर्वभावेन भारत ।
तत्प्रसादात्परां शान्तिं स्थानं प्राप्स्यसि शाश्वतम् ॥१८-६२॥
इति ते ज्ञानमाख्यातं गुह्याद्गुह्यतरं मया ।
विमृश्यैतदशेषेण यथेच्छसि तथा कुरु ॥१८-६३॥
सर्वगुह्यतमं भूयः शृणु मे परमं वचः ।
इष्टोऽसि मे दृढमिति ततो वक्ष्यामि ते हितम् ॥१८-६४॥
मन्मना भव मद्भक्तो मद्याजी मां नमस्कुरु ।
मामेवैष्यसि सत्यं ते प्रतिजाने प्रियोऽसि मे ॥१८-६५॥

सर्वधर्मान्परित्यज्य मामेकं शरणं व्रज ।
अहं त्वा सर्वपापेभ्यो मोक्षयिष्यामि मा शुचः ॥ १८-६६ ॥
इदं ते नातपस्काय नाभक्ताय कदाचन ।
न चाशुश्रूषवे वाच्यं न च मां योऽभ्यसूयति ॥ १८-६७ ॥
य इदं परमं गुह्यं मद्भक्तेष्वभिधास्यति ।
भक्तिं मयि परां कृत्वा मामेवैष्यत्यसंशयः ॥ १८-६८ ॥
न च तस्मान्मनुष्येषु कश्चिन्मे प्रियकृत्तमः ।
भविता न च मे तस्मादन्यः प्रियतरो भुवि ॥ १८-६९ ॥
अध्येष्यते च य इमं धर्म्यं संवादमावयोः ।
ज्ञानयज्ञेन तेनाहमिष्टः स्यामिति मे मतिः ॥ १८-७० ॥
श्रद्धावाननसूयश्च शृणुयादपि यो नरः ।
सोऽपि मुक्तः शुभाँल्लोकान्प्राप्नुयात्पुण्यकर्मणाम् ॥ १८-७१ ॥
कच्चिदेतच्छ्रुतं पार्थ त्वयैकाग्रेण चेतसा ।
कच्चिदज्ञानसम्मोहः प्रनष्टस्ते धनञ्जय ॥ १८-७२ ॥

अर्जुन उवाच --

नष्टो मोहः स्मृतिर्लब्ध्वा त्वत्प्रसादान्मयाच्युत ।
स्थितोऽस्मि गतसन्देहः करिष्ये वचनं तव ॥ १८-७३ ॥

सञ्जय उवाच --

इत्यहं वासुदेवस्य पार्थस्य च महात्मनः ।
संवादमिममश्रौषमद्भुतं रोमहर्षणम् ॥ १८-७४ ॥
व्यासप्रसादाच्छ्रुतवानेतद्गुह्यमहं परम् ।
योगं योगेश्वरात्कृष्णात्साक्षात्कथयतः स्वयम् ॥ १८-७५ ॥
राजन्संस्मृत्य संस्मृत्य संवादमिममद्भुतम् ।
केशवार्जुनयोः पुण्यं हृष्यामि च मुहुर्मुहुः ॥ १८-७६ ॥

तच्च संस्मृत्य संस्मृत्य रूपमत्यद्भुतं हरेः ।
विस्मयो मे महान् राजन्हृष्यामि च पुनः पुनः ॥१८-७७॥
यत्र योगेश्वरः कृष्णो यत्र पार्थो धनुर्धरः ।
तत्र श्रीर्विजयो भूतिर्ध्रुवा नीतिर्मतिर्मम ॥१८-७८॥

ॐ तत्सदिति श्रीमद्भगवद्गीतासूपनिषत्सु
ब्रह्मविद्यायां योगशास्त्रे श्रीकृष्णार्जुनसंवादे
मोक्षसंन्यासयोगो नाम अष्टादशोऽध्यायः ॥

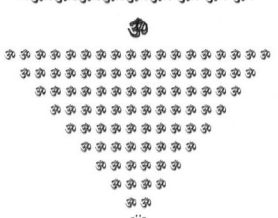

~ॐ~ॐ~ॐ~ॐ~ॐ~ॐ~ ॐ~ ॐ~ ॐ~

ॐ

ॐ ॐ ॐ ॐ ॐ ॐ ॐ ॐ ॐ ॐ ॐ ॐ ॐ ॐ ॐ ॐ ॐ ॐ
ॐ ॐ ॐ ॐ ॐ ॐ ॐ ॐ ॐ ॐ ॐ ॐ ॐ ॐ ॐ ॐ
ॐ ॐ ॐ ॐ ॐ ॐ ॐ ॐ ॐ ॐ ॐ ॐ ॐ ॐ
ॐ ॐ ॐ ॐ ॐ ॐ ॐ ॐ ॐ ॐ ॐ ॐ
ॐ ॐ ॐ ॐ ॐ ॐ ॐ ॐ ॐ ॐ
ॐ ॐ ॐ ॐ ॐ ॐ ॐ ॐ
ॐ ॐ ॐ ॐ ॐ ॐ
ॐ ॐ ॐ ॐ
ॐ ॐ

-::-

कायेन वाचा मनसेंद्रियैर्वा ।
बुध्यात्मना वा प्रकृतिस्वभावात् ।
करोमि यद्यत् सकलं परस्मै ।
नारायणायेति समर्पयामि ॥

ॐ शान्तिः शान्तिः शान्तिः ~~ ॐ शान्तिः शान्तिः शान्तिः ~~ ॐ शान्तिः शान्तिः शान्तिः

गीतामाहात्म्यम्

~ॐ~

गीताशास्त्रमिदं पुण्यं यः पठेत्प्रयतः पुमान् ।
विष्णोः पदमवाप्नोति भयशोकादिवर्जितः ॥

~ॐ~

गीताध्ययनशीलस्य प्राणायामपरस्य च ।
नैव सन्ति हि पापानि पूर्वजन्मकृतानि च ॥

~ॐ~

मलनिर्मोचनं पुंसां जलस्नानं दिने दिने ।
सकृद्गीताम्भसि स्नानं संसारमलनाशनम् ॥

~ॐ~

गीता सुगीता कर्तव्या किमन्यैः शास्त्रविस्तरैः ।
या स्वयं पद्मनाभस्य मुखपद्माद्विनिःसृता ॥

~ॐ~

भारतामृतसर्वस्वं विष्णोर्वक्त्राद्विनिःसृतम् ।
गीतागङ्गोदकं पीत्वा पुनर्जन्म न विद्यते ॥

~ॐ~

एकं शास्त्रं देवकीपुत्रगीतमेको देवो देवकीपुत्र एव ।
एको मन्त्रस्तस्य नामानि यानि कर्माप्येकं तस्य देवस्य सेवा ॥

ॐ ॐ ॐ ॐ ॐ ॐ ॐ ॐ ॐ ॐ
ॐ ॐ ॐ ॐ ॐ ॐ ॐ ॐ
ॐ ॐ ॐ ॐ ॐ ॐ
ॐ ॐ ॐ ॐ
ॐ ॐ

-::-

— विभिन्न स्तुति मंत्र —

~ॐ~

वक्रतुंड महाकाय कोटिसूर्यसमप्रभ।
निर्विघ्नं कुरु मे देव सर्वकार्येषु सर्वदा ॥

~ॐ~

गुरुर्ब्रह्मा गुरुर्विष्णूः गुरुर्देवो महेश्वरः।
गुरुः साक्षात् परब्रह्म तस्मै श्रीगुरवे नमः ॥

~ॐ~

श्रीमन्महागणाधिपतये नमः। श्री सरस्वत्यै नमः।
श्रीगुरवे नमः। श्रीमातापितृभ्यां नमः।
श्रीलक्ष्मीनारायणाभ्यां नमः। श्रीमामहेश्वराभ्यां नमः।
इष्टदेवताभ्यो नमः। कुलदेवताभ्यो नमः।
स्थानदेवताभ्यो नमः। वास्तुदेवताभ्यां नमः।
सर्वेभ्यो देवेभ्यो नमो नमः।
अविघ्नमस्तु। देवतावंदनम् ॥

~ॐ~

मन्त्रहीनं क्रियाहीनं भक्तिहीनं सुरेश्वर
यत्पूजितं मयादेव परिपूर्णं तदस्तु मे ॥

~ॐ~

अच्युतं केशवं रामनारायणम्। कृष्णदामोदरं वासुदेवं हरिम्।
श्रीधरं माधवं गोपिकावल्लभम्। जानकीनायकं रामचंद्रं भजे ॥

~ॐ~

मङ्गलं भगवान्विष्णुर्मङ्गलं गरुडध्वजः।
मङ्गलं पुण्डरीकाक्षो मङ्गलायतनं हरिः ॥

~ॐ~

कृष्णाय वासुदेवाय हरये परमात्मने।
प्रणत क्लेश नाशाय गोविन्दाय नमो नमः।

~ॐ~

रामाय रामभद्राय रामचंद्राय वेधसे।
रघुनाथाय नाथाय सीतायाः पतये नमः ॥

~ॐ~

श्रीरामचंद्रचरणौ मनसा स्मरामि। श्रीरामचंद्रचरणौ वचसा गृणामि।
श्रीरामचंद्रचरणौ शिरसा नमामि। श्रीरामचंद्रचरणौ शरणं प्रपद्ये ॥

~ॐ~

मनोजवं मारुततुल्यवेगम् जितेन्द्रियं बुद्धिमतां वरिष्ठम्।
वातात्मजं वानरयूथमुख्यम् श्रीरामदूतं शरणं प्रपद्ये ॥

~ॐ~

अतुलितबलधामं हेमशैलाभदेहं
दनुजवनकृशानुं ज्ञानिनामग्रगण्यम्।
सकलगुणनिधानं वानराणामधीशं
रघुपतिप्रियभक्तं वातजातं नमामि ॥

~ॐ~

कर्पूरगौरं करुणावतारं संसारसारं भुजगेन्द्रहारम्।
सदा वसन्तं हृदयारविन्दे भवं भवानीसहितं नमामि ॥

~ॐ~

ॐ त्रयम्बकं यजामहे सुगन्धिं पुष्टिवर्धनम्।
उर्वारुकमिव बन्धनान् मृत्योर्मुक्षीय मामृतात् ॥

~ॐ~

ॐ शिव ॐ शिव परात्परा शिव ओङ्कार शिव तव शरणम्।
नमामि शङ्कर भजामि शङ्कर उमामहेश्वर तव शरणम् ॥

~ॐ~

मङ्गलं भगवान् शंभुः मङ्गलं वृषभध्वजः।
मङ्गलं पार्वतीनाथो मङ्गलायतनो हरः ॥

~ॐ~

सर्व मङ्गल माङ्गल्ये शिवे सर्वार्थ साधिके।
शरण्ये त्र्यम्बके गौरी नारायणी नमोऽस्तुते ॥

~ॐ~

अन्नपूर्णे सदापूर्णे शङ्करः प्राणवल्लभे।
ज्ञान वैराग्य सिद्ध्यर्थं भिक्षां देहि च पार्वती ॥

~ॐ~

सरस्वति नमस्तुभ्यं वरदे कामरूपिणि।
विद्यारम्भं करिष्यामि सिद्धिर्भवतु मे सदा ॥

~ॐ~

सिद्धिबुद्धिप्रदे देवि भुक्तिमुक्ति प्रदायिनि।
मन्त्रमूर्ते सदा देवि महालक्ष्मि नमोऽस्तुते ॥

~ॐ~

समुद्रवसने देवि पर्वतस्तनमण्डले।
विष्णुपत्नि नमस्तुभ्यं पादस्पर्शं क्षमस्वमे ॥

~ॐ~

महालक्ष्मी च विद्महे। विष्णुपत्नी च धीमहि।
तन्नो लक्ष्मीः प्रचोदयात् ॥

~ॐ~

या देवी सर्वभूतेषु मातृरूपेण संस्थिता।
या देवी सर्वभूतेषु शक्तिरूपेण संस्थिता।
या देवी सर्वभूतेषु शान्तिरूपेण संस्थिता।
नमस्तस्यै नमस्तस्यै नमस्तस्यै नमो नमः ॥

~ॐ~

शरणागतदीनार्तपरित्राणपरायणे।
सर्वस्यार्तिहरे देवि नारायणि नमोऽस्तु ते ॥

~ॐ~

सर्वस्वरूपे सर्वेशे सर्वशक्ति समन्विते।
भयेभ्यस्त्राहि नो देवि दुर्गे देवि नमोऽस्तुते ॥

~ॐ~

गङ्गेच यमुने चैव गोदावरी सरस्वती।
नर्मदा सिंधु कावेरी जलेऽस्मिन् सन्निधं कुरु ॥

~ॐ~

अहल्या द्रौपदी सीता तारा मन्दोदरी तथा।
पंचकन्या स्मरेन्नित्यं महापातकनाशनम् ॥

~ॐ~

ब्रह्माणं शङ्करं विष्णुं यमं रामं दनुं बलिम्।
सप्तैतान् यःस्मरेन्नित्यं दुःस्वपन्स्तस्य नश्यति ॥

~ॐ~

यानि कानि च पापानि जन्मान्तरकृतानि च।
तानि तानि विनश्यन्ति प्रदक्षिणपदे पदे ॥

~ॐ~

आवाहनं न जानामि न जानामि विसर्जनं।
तस्मात्कारुण्य भावेन क्षमस्व परमेश्वर ॥
यदक्षर पदभ्रष्टं मात्रा हीनन्तु यद्भवेत्।
तत्सर्वं क्षम्यतां देव नारायण नमोऽस्तुते ॥

~ॐ~

गतं पापं गतं दुःखं गतं दारिद्र्यमेव च।
आगता सुखसम्पत्तिः पुण्याच्च तव दर्शनात् ॥

~ॐ~

अन्यथा शरणं नास्ति त्वमेव शरणं मम।
तस्मात्कारुण्यभावेन रक्षस्व परमेश्वर ॥

~ॐ~

सर्वे भवंतु सुखिनः सर्वे संतु निरामयाः।
सर्वे भद्राणि पश्यंतु मा कश्चिद् दुःखभाग्भवेत् ॥

~ॐ~

असितगिरिसमस्यात् कज्जलं सिंधूपात्रे
सुरतरुवरशाखा लेखनी पत्रमूर्वी।
लिखति यदि गृहित्वा शारदा सर्वकालं
तदपि तव गुणानामीश पारं न याति ॥

~ॐ~

ॐ भूर्भुवः स्वः तत्सवितुर्वरेण्यम्
भर्गो देवस्य धीमहि धियो यो नः प्रचोदयात् ॥

~ॐ~

हरे राम हरे राम राम राम हरे हरे।
हरे कृष्ण हरे कृष्ण कृष्ण कृष्ण हरे हरे ॥

ॐ ॐ ॐ ॐ ॐ ॐ ॐ ॐ ॐ ॐ ॐ
ॐ ॐ ॐ ॐ ॐ ॐ ॐ ॐ ॐ
ॐ ॐ ॐ ॐ ॐ ॐ ॐ
ॐ ॐ ॐ ॐ ॐ
ॐ ॐ ॐ
ॐ

www.ingramcontent.com/pod-product-compliance
Lightning Source LLC
Chambersburg PA
CBHW030334100526
44592CB00010B/692
* 9 7 8 1 9 4 5 7 3 9 4 9 1 *